股市脸谱 ③

揭秘主力操盘手法

车岩朝/著

经济管理出版社

ECONOMY & MANAGEMENT PUBLISHING HOUSE

图书在版编目（CIP）数据

股市脸谱之三——揭秘主力操盘手法/车岩朝著. —北京：经济管理出版社，2020.6

ISBN 978-7-5096-7137-5

Ⅰ.①股…　Ⅱ.①车…　Ⅲ.①股票交易—基本知识　Ⅳ.①F830.91

中国版本图书馆 CIP 数据核字（2020）第 093389 号

组稿编辑：勇　生

责任编辑：刘　宏　谷英慧

责任印制：任爱清

责任校对：陈晓霞

出版发行：经济管理出版社

　　　　　（北京市海淀区北蜂窝 8 号中雅大厦 A 座 11 层　100038）

网　　址：www. E-mp. com. cn

电　　话：(010) 51915602

印　　刷：北京晨旭印刷厂

经　　销：新华书店

开　　本：720mm × 1000mm/16

印　　张：10

字　　数：175 千字

版　　次：2020 年 9 月第 1 版　2020 年 9 月第 1 次印刷

书　　号：ISBN 978-7-5096-7137-5

定　　价：48.00 元

前　言

股　韵

"韵"，是一种新型的散化古典文体，是所有文体中最抽象的一种，"韵"的本意是指和谐的声音、风度、气质和情趣，即"舒服"的感受。其实她更是一种境界！

"股韵"，是在夜深人静的时候，打开电脑，看着那一根根高低起伏的Ｋ线、参差不齐的成交量、潇洒飘逸的平均线……体味着一种种各自不同的韵味，有的如少女般情窦初开、有的如淑女般如诗如画、有的如侠女般热情似火……有的是欲迎还拒、有的是犹抱琵琶、有的气若游丝、有的厚积薄发、也有的整装待发、更有的飘摇欲坠……所有的一切让人感受到她们声音的和谐、风度的翩翩、气质的非凡和情趣的高雅。同样是上涨的股票，有的涨得荡气回肠、山河壮丽、一气呵成；有的涨得进一退二、小步密走、不急不躁；有的涨得一波三折、九曲回肠……同样是下跌的股票，有的是跌得汹涌跌宕、横扫一切、玉石俱焚、飞流直下；有的则是缠绵悱恻、细雨绵绵、温水煮青蛙；有的是跌得退二回一、反复诱多……同样是横盘的股票，有的是风雨欲来、暗藏杀机；有的却是箭在弦上、随时爆发……

这一根根奔流不息、犹如江河海浪般波浪起伏的Ｋ线图，有谁能真正读懂她的内容？理解她的内涵、细品其个中滋味？读懂她的，这时的股票如成熟女人：温文尔雅、不亢不卑、落落大方、善解人意；读不懂的，犹如毒品，不自觉地醉生梦死，恨之入骨而又欲罢不能。能仔细品味的，那种惬意，妙不可言，真的不仅是解决财务问题持筹握算和体验提款机般心旷神怡的快感，更有和庄家无言而懂心的共进退后的莞尔一笑、久遇红颜后的心有灵犀，或是品尝香茗新茶后的味如甘霖的惬意！

置身股海岸边，放眼望去，品那一根根 K 线，犹如"大江东去，浪淘尽，千古风流人物"，可以遥想：羽扇纶巾、雄姿英发的周瑜谈笑间，樯橹灰飞烟灭和挥师赤壁兵败如山倒的曹操；感受到苏轼的"乱石穿空，惊涛拍岸，卷起千堆雪"的江山如画；品味出范仲淹《岳阳楼记》中浮光跃金、皓月当空、把酒临风、心旷神怡的愉悦和阴风怒号、虎啸猿啼、满目萧然、感慨而悲的哀伤；更能体味到伟人毛泽东主席"才饮长江水，又食武昌鱼""万里长江横渡，极目楚天舒"的豪迈和"金沙水拍云崖暖，大渡桥横铁索寒"的壮阔。性情中人不免万千思绪，激发起"江河横溢，人或为鱼鳖，千秋功罪，谁人曾与评说"的感慨！

这每一根 K 线，都是一条难于上青天的蜀道，更是一条既通向天堂的探险路又通向地狱的阿修罗。这一条条 K 线的背后，既上演着无数穷小子鱼跃龙门的财富神话；也上演着一些大佬一夜回到解放前的黯然悲伤；同时又包含着多少悲欢离合、妻离子散、家破人亡和世态冷暖的酸甜苦辣；既吸引着无数精英、弄潮儿前仆后继、刀口舔血，大起大落致其毕生精力孜孜不倦、无怨无悔的持之以恒，又演绎着无数灰姑娘得到魔法相助，成为王子意中人的神奇故事；既演绎着许多一夜暴富的传奇，又折射出无数自私、贪婪、弱肉强食的人的本性……

这一根根 K 线，她们既对立又统一，既波澜起伏又平淡不惊，既能让人高潮叠起，也能让人谷底缠绵，既能让人意乱心烦，更能让人美不胜收……

这一根根 K 线，将自然人文与股市水乳交融，无言的诉说着自然规律、股市规律和人生的无常，用她特有的韵律诉说着这一切都是一脉相通的！

这一根根精致美丽的 K 线，承载着无数不知名的精英团队夜以继日地用数亿元资金的精密运作，能读懂她的、能品味她的韵律的、能理解她的爱恨情仇的，也就能体会到不远处有高人坐阵运筹帷幄，既有侠丹忠心的义气又有诡计多端的狡诈……

也正是这一根根精致美丽的 K 线，真实的记录着股市赢家、一代枭雄的我们知道的和不知道的，真实的和虚假的，已经发生和正在上演的故事，真乃大江东去，浪淘尽，千古风流人物！

时过境迁，物是人非……只有这精致美丽的 K 线，记载着当时的波澜壮阔和血雨腥风！

当年位于上海滩万国证券的管金生，由上海滩股市中的一代枭雄变成阶下囚……

2000 年的亿安科技以 103.9 元收盘，成为自 1991 年成立股市以来第一只百元大股。庄家将万余名小散踩在脚下凯旋而归。随着股票操纵案移送司法机关，亿安科技的股价又从 126.31 元暴跌至 5.71 元。又使多少操作者黄粱梦碎……

神秘庄家吕梁早已失踪……

唐万新的德隆帝国也已轰然坍塌……

虽然黄光裕已经身陷囹圄，但山东金泰的 42 个"一字板"依然气壮山河……

2015 年，身穿阿玛尼"白大褂"给我们留下背影的徐翔，也是上演着由三万元到几十亿元的财富传奇……

所有的这一切的一切，除了回荡着股市韵律的 K 线还完好无损，很多很多都已经是物是人非、烟消云散！

只有我等后来的踏浪者还在随着股市韵律的节奏，走走停停、收收放放、涨涨落落、孜孜不倦地在股市辛勤耕耘并收获着自己的丰盈人生！

目　录

第一章　均线形态

一、蓄势待发

蓄势待发是指随时准备进攻。原意是指半蹲着的人随时准备站起来冲出去。出自《三国演义》：龙非池中之物，趁雷欲上九霄，蓄势待发……我们说的股市里的蓄势待发是指主力资金吃饱喝足了以后，静等拉升时机。这个时候如果大盘配合或者是基本面有一点风吹草动股价随时就被拉升起来。具体表现为：股价经过长期的有很多时候都是以一年为单位的"暗无天日"以后，股价不再创新低、14 日均线不再下跌，而且慢慢走平，然后股价站上 14 日均线，我们把股价的不再创新低以后 14 日均线由下跌改为走平再到上行并一直上穿最上面的一根 610 日均线使股价的走势形成"天女散花"的这一段走势称为"蓄势待发"。

按照正常走势，股价不创新低、14 日均线走平、上翘以后，接下来应该有："小试牛刀""拉开序幕""战斗打响""花好月圆""前程似锦""欢喜过年""万马奔腾""展翅高飞"等这样的进攻形态出现，一步一个台阶把股价送入"天女散花"阶段。然后再横盘整理或者散户坑洗盘（这时就会出现我们下面讲的几个主升浪阶段的走势：回心转意、悬崖勒马、知错就改、浪子回头、迷途知返、痛改前非、东山再起、洗心革面。这些技术形态出现在"蓄势待发"后面的主升浪里，都是洗盘。命名的不同是根据洗盘幅度的大小和时间的长短以及均线位置的不同便于我们实盘把握）接下来的股价再放量突破前面初形成"天女散花"的高点之时，就是真正的主升浪开启之时。我们要把握这来之不易的主力千辛万苦运作的拉升，这是我们的财富增值最快的阶段，每只股票好几年只有一次（把每只股票的 K 线图缩到最小看，历史上的主升浪一目了然），不仅要好好把握而且一定要珍惜！

案例 1：金牛化工（600722）

金牛化工（600722）经过一波大幅的拉升以后，2017 年 1 月 10 日，股价被拉到了最高价的 14.6 元，然后开始了出货。经过半年左右的"魔鬼缠身"阶段的出货，到 2017 年的 8 月，股价开始了"暗无天日"的漫漫下跌。直到 2018 年的 6 月 20 日，股价跌到了 4.06 元，然后不再下跌，开始了横盘走势，后面的低点没有再创出新低。2018 年 7 月 2 日，一根自下而上的大阳线穿越 14 日均线，"万丈高楼平地起"的技术形态成立。这几个明显的标志表明股价进入"蓄势待发"的筑底阶段（见图 1-1）。

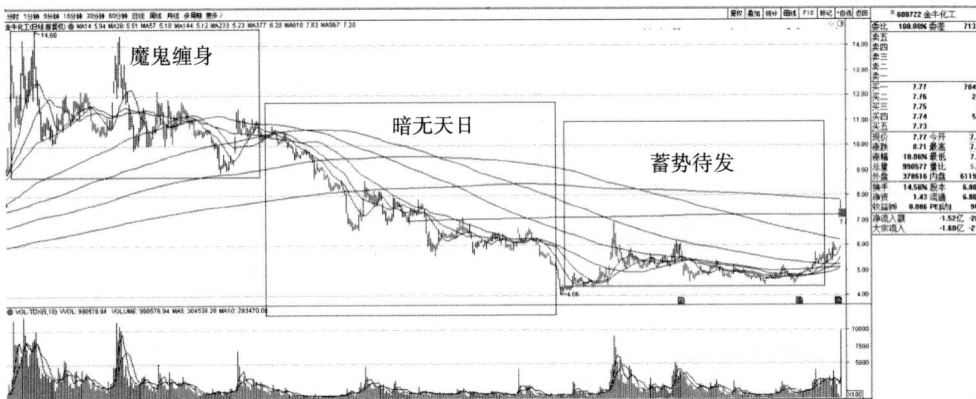

图 1-1 "蓄势待发"是股价的筑底阶段

2019 年 3 月 8 日，金牛化工（600722）的 14 日均线上穿 233 日均线，股价形成"欢喜过年"的技术走势，接下来 10 个交易日，股价由 5.40 元涨到 7.77 元。"蓄势待发"阶段里的股价，14 日均线和每一根均线的金叉，都有可能是一波行情的起涨点，孕育的时间越长爆发力越强（见图 1-2）。

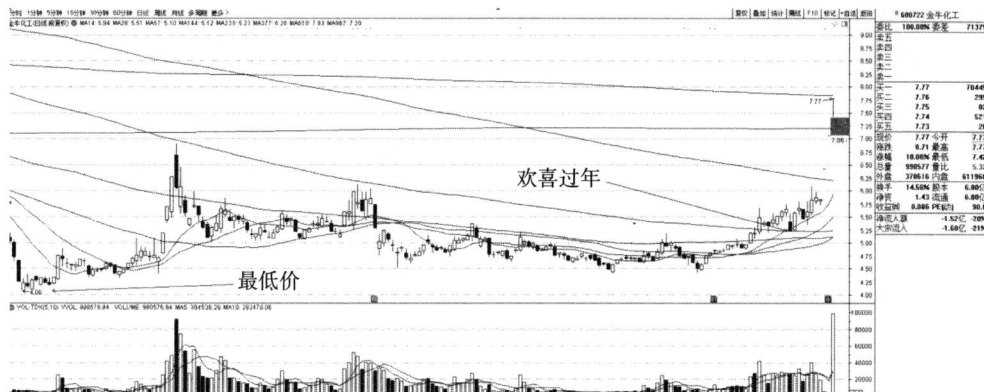

图1-2 "蓄势待发"阶段"蓄"的时间越长，爆发起来力度越大

案例2：秦港股份（601326）

秦港股份（601326）经过了长期的大幅下跌，在2018年10月9日创下了历史低点2.81元以后，股价不再创新低，均线系统黏合横向移动。然后在2019年2月22日这段时间里形成了一个"四线推进"的筑底技术走势，这里的"蓄势待发"是从创下最低后的不创新低开始，然后分别在2019年2月25日"战斗打响"处和2019年3月18日"欢喜过年"处爆发了两波行情，把股价送入"天女散花"主升浪。到"战斗打响"处的行情用了两周，股价涨幅30%左右。在"欢喜过年"处赶上了当时"一带一路"的板块炒作，拉出了一串涨停板（见图1-3）。

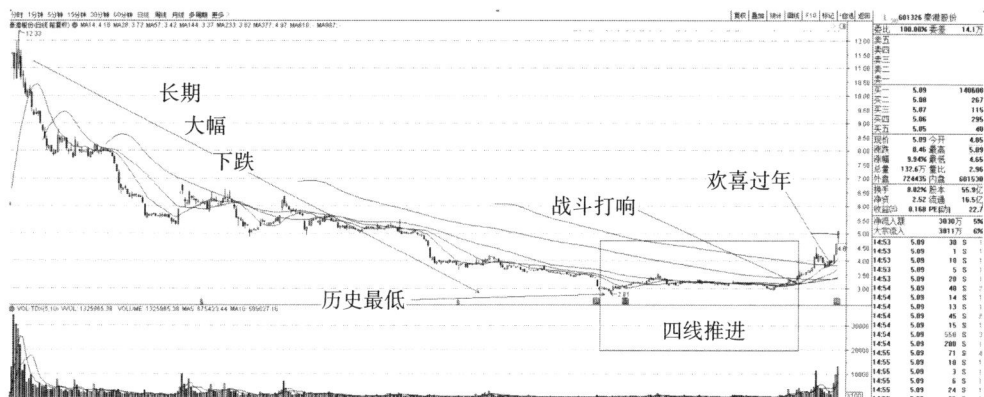

图1-3 均线系统的黏合说明股价的下跌动能已经丧失

案例3：中信重工（601608）

中信重工（601608）经过长期的大幅下跌以后，开始了横盘走势，均线系统相当黏合，波动幅度很小，在2018年6月19日至2019年2月22日这一段长达8个月的时间内，几乎没有什么行情，昏昏欲睡的股价像睡着了一样。2019年2月25日，股价一个鲤鱼打挺跳空高开，在233日均线上以"鱼跃龙门"的形式结束了长期横盘的走势，以涨停板收盘，接下来迅速拉出了7个涨停板，股价翻番。完美演绎了"横有多长，站有多高"（见图1-4）。

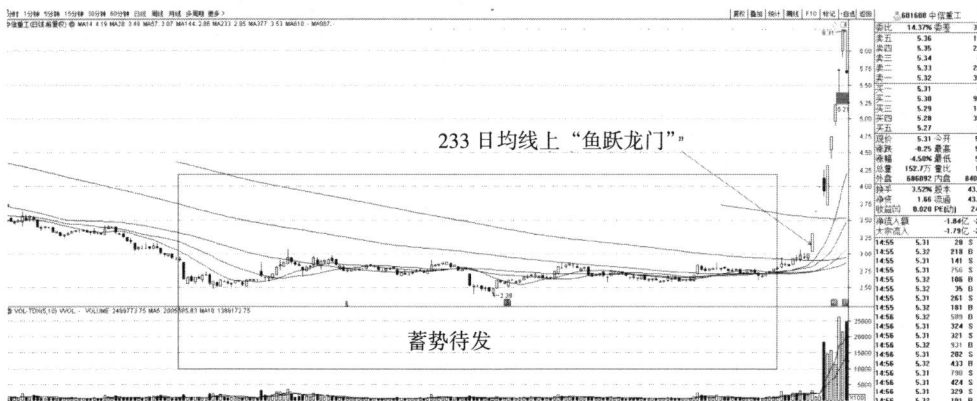

图1-4　"蓄势待发"阶段的"势""蓄"得好，"蓄"得久，爆发起来就猛

看完这个案例，我想在这里补充一下，我们买股票的时候一定要学会拥抱强势。就拿这只股来说，2019年2月25日，该股在233日均线上鱼跃龙门跳空高开，以高举高打涨停板报收，第2天、第3天都是"一字板"。第4天收了一个巨量大阴线，也就是2009年2月28日，换手率4.24%，相对于2019年2月25日那一天涨停板来说，算是巨量，因为那一天的量就近一年来说，算是相对比较大，换手率也才只有0.72%。下一个交易日也就是2019年3月1日，缩量要把这个巨量阴线吃掉了，换手率只有2.64%，在这个时候我们都知道机会来了，第2天的跳空高开没有一字开盘、回打都是买点。接下来还有4个交易日的4个涨停板可以收获。

为什么这天是买点呢？因为这只股当时是当之无愧的龙头，龙头股的行情肯定有龙头的霸气气场，强大得让人无法靠近的气场。如果在2018年12月28日那一天，我们认为是巨量出货的情况下，那么第2天的反包，就应该迅速转换思路，因为主力资金不可能再把昨天我们所认为的出货量解放掉，然后套住自己。这样是不现实的，所以唯一的理由就是继续做多，而且后面的期望值要立马提高。

再回顾一下我们《股市脸谱》的第一本和第二本书，里面只要有涉及"鱼跃龙门"的案例，都是强势股，有的都跳空 7~8 个点开盘，强势得让人无从下手，我们很多投资者朋友都喜欢买不断创新低的或者在底部区域睡不醒的股票，觉得这样的股票涨跌幅度不大而且有安全感，但是这样的安全感有什么用呢？它不仅不涨，而且还跌，还一直创新低，我们的资金要增值得快，只有拥抱这样的强势股，才会快速增值。

做完这只股票，我和我的好友聊这个股票的时候，他就跟我说觉得这个股当时也看懂了，只是当时的股价涨得太高了，而且长得有点夸张，没法下手。我就给他举了一个例子，我们一起去参加一个有十几个人的饭局，如果说这一次饭局，会有一个大的领导是市长级的，还有某企业的一把手、中层干部、底层员工还有司机师傅，在选择座位的时候，从你的内心世界来讲，你愿意挨着谁坐？你是不是觉得挨着司机师傅或者中层干部、底层员工心里会比较踏实一点？他说是的，我说对了，这就是你不敢拥抱强势的心理。我说如果你有选择座次的机会的话，你应该选择挨着市长级的人物，但是你是不是从内心里就惧怕他这样的气场？被他强大气场所震慑住了，不敢靠近，那么你想想是不是只有靠近他，跟他走得近，你谈成生意或者是往上走走的机会才会大，中层领导和司机师傅对你的帮助，肯定没有市长级的人物对你的帮助大，你说是吗？他说懂了，下回坚决要拥抱强势！

案例 4：东风股份（601515）

东风股份（601515）的走势相对比较简单明了，经过长期下跌以后，有主力在底部横盘整理吸筹。然后在 2019 年 2~3 月份，借着金融供给侧改革的东风，爆发出了一段波澜壮阔的行情（见图 1-5）。

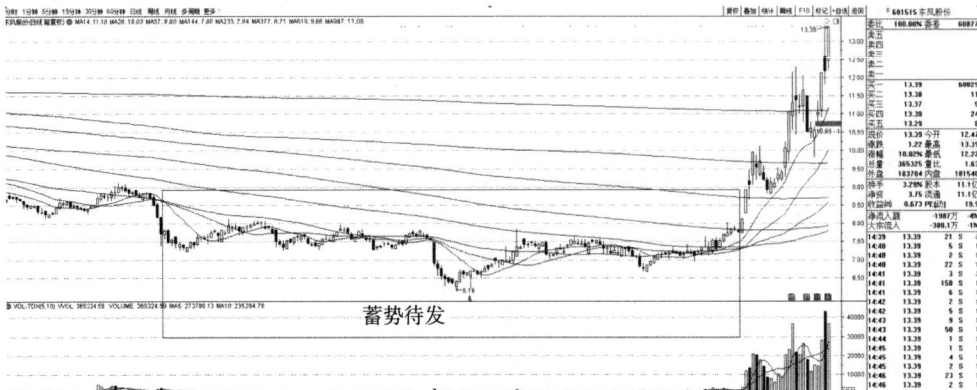

图1-5 "蓄势待发"重在"蓄势"

案例5：金岭矿业（000655）

金岭矿业（000655）经过长期的、大幅的下跌，从2015年8月份19.53元最高处，下跌到2018年10月份的最低2.81元，这样的跌幅真的不能再大了。然后股价不再创新低，已经进入蓄势待发阶段。2019年2月11日，股价以"一字板"的形式"欢喜过年"，然后开启了一波上涨，把股价拉到了最高6.92元，涨幅81.2%（见图1-6）。

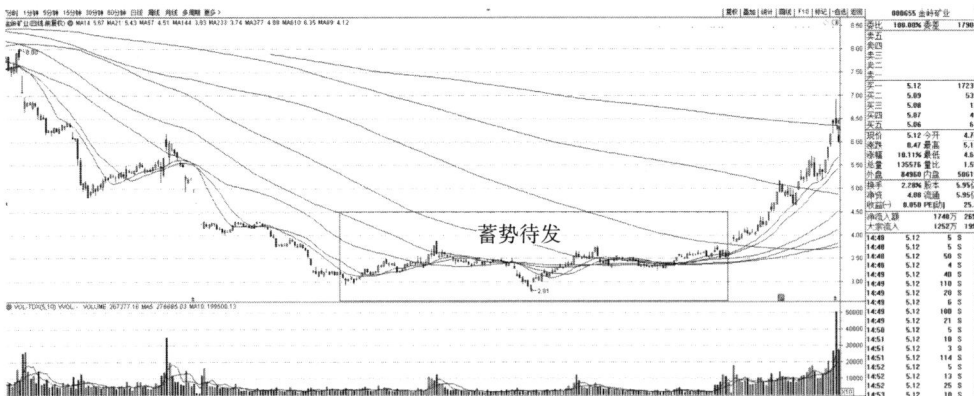

图1-6 "蓄势待发"的阶段最好不要有行情，就"蓄势"不要"发"

投资哲理小故事

生命的柠檬茶

一对情侣在咖啡馆里发生了口角，互不相让。然后，男孩愤然离去，只留下他的女友独自垂泪。

心烦意乱的女孩搅动着面前的那杯清凉的柠檬茶，泄愤似的用匙子捣着杯中未去皮的新鲜柠檬片。柠檬片已被她捣得不成样子，杯中也泛起了一股柠檬皮的苦味。

女孩叫来侍者，要求换一杯剥掉皮的柠檬泡成的茶。

侍者看了一眼女孩，没有说话，拿走那杯已被她搅得很混浊的茶，又端来一杯柠檬茶。只是，茶里的柠檬还是带皮的。

原本心情就不好的女孩更加恼火了，她又叫来侍者，"我说过，茶里的柠檬要剥皮，你没听清吗？"她斥责着侍者。

侍者看着她，他的眼睛清澈明亮，"小姐，请不要着急，"他说道，"你知道吗，柠檬皮经过充分浸泡之后，它的苦味溶解于茶水之中，将是一种清爽甘冽的味道，正是现在的你所需要的。所以请不要急躁，不要想在三分钟之内把柠檬的香味全部挤压出来，那样只会把茶搅得很浑，把事情弄得一团糟。"

女孩愣了一下，心里有一种被触动的感觉。她望着侍者的眼睛，问道："那么，要多长时间才能把柠檬的香味发挥到极致呢？"

侍者笑了："十二个小时。十二个小时之后柠檬就会把生命的精华全部释放出来，你就可以得到一杯美味到极致的柠檬茶，但你要付出十二个小时的忍耐和等待。"

侍者顿了顿，又说道："其实不只是泡茶，生命中的任何烦恼，只要你付出十二个小时的忍耐和等待，就会发现，事情并不像你想象得那么糟糕。"

女孩看着他："你是在暗示我什么吗？"

侍者微笑："我只是在教你怎样泡制柠檬茶，顺便和你讨论一下用泡茶的方法是不是也可以炮制出美味的。"

侍者鞠躬，离去。

女孩面对一杯柠檬茶静静沉思。

女孩回到家后自己动手泡制了一杯柠檬茶，她把柠檬切成又圆又薄的小片，放进茶里。

女孩静静地看着杯中的柠檬片，她看到它们在呼吸，它们的每一个细胞都张开来，有晶莹细腻的水珠凝结着。她被震撼了！她感到柠檬的生命和灵魂慢慢升华，缓缓释放。十二个小时以后，她品尝到了她有生以来喝过的最绝妙、最美味的柠檬茶。

女孩明白了，这是因为柠檬的灵魂完全深入其中，才会有如此的滋味。

门铃响起，女孩开门，看见男孩站在门外，怀里有一大捧娇艳欲滴的玫瑰。

"可以原谅我吗?"他讷讷地问。

女孩笑了，她拉他进来，在他面前放了一杯柠檬茶。

"让我们有一个约定，"女孩说道，"以后，不管遇到多少烦恼，我们都不许发脾气，定下心来想想这杯柠檬茶。"

"为什么要想柠檬茶?"男孩困惑不解。

"因为，我们需要耐心等待十二个小时。"

后来，女孩将柠檬茶的泡制运用到她生活中的各个层面，她的生命因此而生动、美丽。

女孩恬静地品尝着柠檬茶的美妙滋味，品尝着生命的美妙滋味。

记住那位侍者的话:"如果你想在三分钟内把柠檬的滋味全部挤压出来，就会把茶弄得很苦，搅得很浑。"

生命如茶，慢慢地等，细细地品，滋味无穷。

可是，也不可等得太久。

茶泡得太久，无法下咽;

生命等得太久，淡然无味。

投资感悟

操作一只股票，不但要有计划，更要有耐心。主力在操作一只股票时，一般都是经过漫长的暗无天日以后，很多时候都是两三年的暗无天日以后，该只股票里面的获利盘早已经获利了结、套牢盘也早已经割肉、剩下的部分散户再也经不住漫长的煎熬而把筹码倒了出来。这个时候的股票才重新具备了收集价值，主力资金这个时候才会慢慢地、悄悄地、一点一点地、不引人注意地收集。这个时候的盘面特征就是小阴小阳、长期横盘、不拉升也不再创新低，均线系统的走势就是:"蓄势待发"。

而且"蓄势待发"这一蓄势，又是很久，少则几个月、多则上年。所以我们在买入股票时不仅要有依据（技术形态），而且最关键的是要理清楚股价当前所处的阶段（"蓄势待发"阶段就是筑底阶段、"天女散花"阶段就是拉升阶段、"魔鬼缠身"阶段就是出货阶段、"暗无天日"阶段就是下跌阶段。四个阶段周而复始、四季一般的轮回），而且知道在"蓄势待发"阶段股价是不会大涨的。只有到了"天女散花"的主升浪才会大涨。这样持仓的时候才会有应对主力洗盘的措施，同时也要有盈利目标的预估。这样才不会手忙脚乱，才知道在"蓄势待发"的阶段不期待很大的行情。在"天女散花"的阶段不会为主力资金的一两天洗盘、震仓制造的形态弄得心烦意乱而做出清仓的错误的决定。在"魔鬼缠身"的阶段不会因为主力制造的诱多拉升阳线有多好而被诱惑进入导致魔鬼缠身。在"暗无天日"的阶段就不会因为觉得股价下跌的时间长或者是下跌的幅度够大而去盲目抄底。

人的一生就是一个不断等待的过程，人总是在一个个等待完成之后获取力量继续下一个等待。

人的一生中会遇到各种等待，期盼游子归来是一种等待；渴望鸿运当头也是一种等待；笑看"蓄势待发"也是一种等待。

每一种等待，都是一种漫长而曲折的过程。静下心来回想构成时间的万物，每一样事物都处在等待之中：

春风，是冰河的等待；

收获，是秋天的等待；

阳光，是万物的等待；

成长，是婴孩的等待。

等待是一种美丽的情愫。在希望的"天女散花"高潮到来之前，需要的是平和的心态，静观云卷云舒的从容。但这绝不是守株待兔、坐以待毙，我们的等待应是厚积薄发、以静制动、以退为进的适时而等。

等待是一种生存智慧。

高山不语，是一种巍峨的等待，等待不止是一种彷徨的渺茫；

日月不语，是一种奉献的等待，等待一切结束后重新燃起的希望；

历史不语，是一种凝重的等待，等待命运茫然惆怅之后的收获。

等待，是一种享受。虽然会有些漫长，虽然会有些艰苦。但在等待中，它使我们身心平静、使我们思考人生。在我们的身心平静到没有躁动不安时，那些往日牵绊我们的小利益，才会在等待中沉淀下去，只留下心静如水。

等待，如同企鹅登陆前的蓄势，默默沉潜只为腾空而起划出一道完美的弧线；

等待，好似昙花一现前的酝酿，敲碎季节的容颜只为在清晖下吐出一抹芬芳；

等待，恰若春暖花开前的冬眠，忍受寒风凛冽只为来年的草长莺飞春满人间。

只有会等待的人才能捕捉到幸运女神转瞬即逝的微笑；只有会等待的人才能感受到希望大道在脚下延伸；只有会等待的人才能有准备地去迎接股票接下来地动山摇、山呼海啸般的"天女散花"主升浪。

投资哲理小幽默

交警有时候也挺郁闷的。一美女刚学会开车上路，在十字路口停下，由于操作不熟练，眼看着绿灯变黄灯，黄灯变红灯，红灯又变绿灯，车子就是不动。交警不耐烦地跑过来问：怎么了美女，还没你喜欢的颜色？

投资感悟

只有慢下来，

我们才会有时间去真正思考；

只有静下来，

我们才能看到自己的内心，感受到生活的欢乐与真谛。

人生，要学会沉淀。

沉淀不是消沉，是用一颗淡然的心审视浮躁，是在宁静中找到属于自己的位置。

一位学僧问禅师："师父，以我的资质多久可以开悟？"禅师说："十年。"学僧又问："要十年吗？如果我加倍苦修，需要多久开悟呢？"禅师说："得要二十年。"学僧很是疑惑，于是又问："如果我夜以继日，不休不眠，只为禅修，又需要多久开悟呢？"禅师说："那样你永无开悟之日。"学僧惊讶道："为什么？"禅师说："如果你只在意禅修的结果，又如何有时间来关注到自己呢？当你只看见结果，无法静下心来，那反而永远也无法得到那个结果。"

当我们太过注重结果的时候，行走的步调会紊乱。我们的眼睛只盯着结果，迷失了自己，也迷失了在生命的道路上一切值得我们去感受的幸福。

越急，就会越慢，"欲速则不达"。

瓜熟自落，凡事有它自然的生长周期。再急也一定不能拔苗助长，那样只能适得其反。

相反，慢下来，才会让我们更从容、更专注的做好每件事。

为此，禅师才劝诫学僧，凡事切不可急躁冒进，戒除急躁，真正静下心来，看清自己的内心，看清自己真正想追求的是什么。

世间美好的东西实在多得数不过来，我们总是希望拥有尽可能多的东西，于是心浮气躁、汲汲营营地追求。求得这个，丢失那个，心中满是愤懑，求不得、舍不得，懊恼不堪，生命就这样在拥有和失去之间流走。

其实，生活中诸多的压力，都是自己给自己找的坎；生命中诸多的痛苦，都是自己和自己过不去。当你放下心中的攀比与欲望，让自己的身心都慢下来，细细地品味生活——你会发现：原来自己还是以前的那个自己，快乐，而不缺乏梦想。

"蓄势待发"里面的"待"字很关键，就是等待着爆发行情，而不是已经发生行情，所以实战中我们要明白："蓄势待发"阶段股价的主要任务是收集筹码，这里边的一小波一小波的行情，或者是几个中、大阳线，都不是真正地在做行情，都是为了收集需要、为了配合大盘的升降之需要。我们一般情况下不在这个阶段做股票，一定要做的话，记得不要期待太大的行情。小富即安。

当然了，在这个阶段里边，如果股价不再创新低后，也没有做什么行情，而是一直横盘，股价围绕着 14 日均线一直横盘向前推进，慢慢的推进过程中依次把 28 日均线、34 日均线、57 日均线、89 日均线、144 日均线、233 日均线、甚至 377 日均线、610 日均线、987 日均线都由下跌扭转为平行推进，这个时候的股价就形成了一个容易爆发大牛股的技术形态"八线推进"。实战中也会有"七线推进""六线推进""五线推进""四线推进"等。我们要明白这都是在蓄势就可以了，只是蓄势的时间长短不同而已。这个时候的股价爆发一般会有两个技术形态："鱼跃龙门"或者是"一阳穿多线"。这两个信号就是交通信号的绿灯，千万不要像幽默里的美女一样不动。以前的推进过程中都是等待的黄灯。等待了这么久就是为了等待这个通行的绿灯信号。股市里就是我们的买入信号、起涨临界点。

再具体一点说，就是"三线推进"里要关注两个起涨点：在 57 日均线上跳空而起的"鱼跃龙门"和"三阳开泰";"四线推进"里要关注两个起涨点:在89日均线上跳空而起的"鱼跃龙门"和"四喜临门";"五线推进"里要关注两个起涨点:在144日均线上跳空而起的"鱼跃龙门"和"五谷丰登";"六线推进"里要关注两个起涨点:在233日均线上跳空而起的"鱼跃龙门"和"六六大顺";"七线推进"里要关注两个起涨点:在377日均线上跳空而起的"鱼跃龙门"和"一鸣惊人";"八线推进"里要关注两个起涨点:在610日均线上跳空而起的"鱼跃龙门"和"八仙过海";"九线推进"里要关注两个起涨点:在987日均线上跳空而起的"鱼跃龙门"和"十拿九稳"。

这个时候的行情期望值可以用一句话概括:"横有多长、站有多高。"

股市谚语:长线靠忍耐,短线靠等待。

二、鼎力相助

鼎:最大力的。鼎力相助字面意思也就是最大力的帮助!出自:王火《战争和人》卷三:翘老感慨得对,我今天来是为了冯村的事来烦请翘老鼎力相助的。我们把它引用到股市里面是指股价在"蓄势待发"以后,股价慢慢地在向"天女散花"行进的过程中,均线系统由典型的空头排列慢慢反转为多头排列,股价在14日均线的强势依托下,一路前行,并且引领下面的28日均线慢慢上穿57日均线、再上穿89日均线、再上穿144日均线、再上穿233日均线、再上穿377日均线、再上穿610日均线;57日均线也慢慢跟上并上穿89日均线、再上穿144日均线、再上穿233日均线、再上穿377日均线、再上穿610日均线;89日均线也慢慢跟上并上穿144日均线、再上穿233日均线、再上穿377日均线、再上穿610日均线;144日均线也上穿233日均线、再上穿377日均线、再上穿610日均线;233日均线也上穿377日均线、再上穿610日均线;最后377日均线也上穿610日均线。均线系统形成14日均线在最上面、下面依次28日均线、57日均线、89日均线、144日均线、233日均线、377日均线、610日均线从小到大整齐排列,股价运行在所有的均线上面一路上行、呈经典的"天女散花"技术走势。我们把这一个个向上穿越的均线金叉称作"鼎力相助"。就好像一群朋友在下面默默地支持、有力地托住股价稳步前行！

案例1：广电网络（600831）

广电网络（600831）在2019年3月份这一波大刀阔斧的行情中，上涨得非常有层次感，上涨一波就开始洗盘，而且每次洗盘的底部就是上波行情的顶部，而下面的均线一个一个有条不紊地在金叉，暗暗地在对股价的上涨"鼎力相助"（见图1-7）。

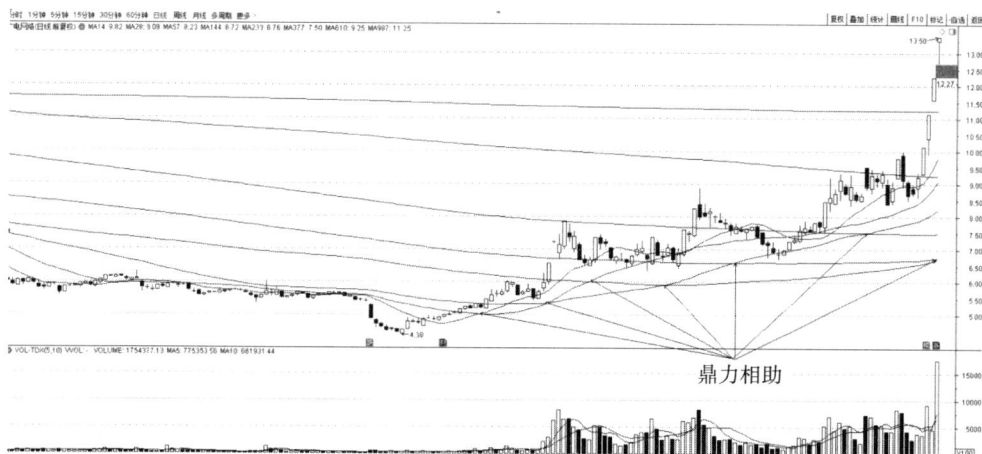

图1-7 好的股票涨起来都非常有层次感

案例2：利达光电（002189）

利达光电（002189）经过将近两年的"蓄势待发"，终于在2019年1月31日，以"一字板"涨停的面目开启了一波从9元左右到27元的行情，当然了，股价在这一波的上涨中，与下面多条均线的"鼎力相助"是分不开的（见图1-8）。

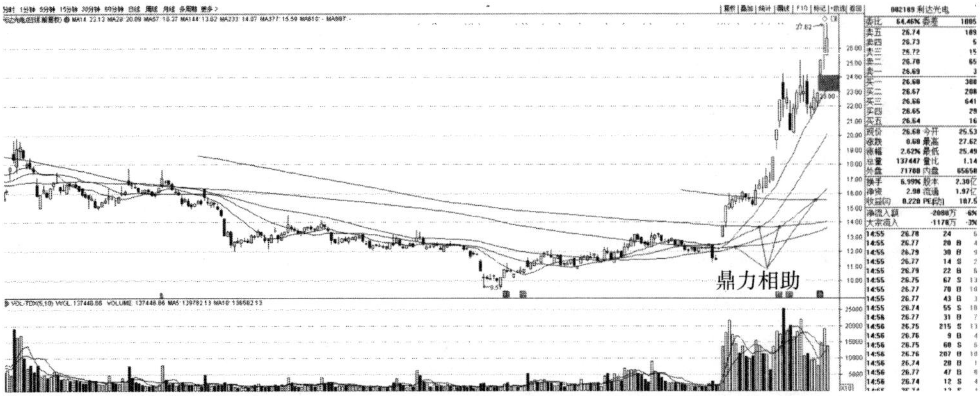

图1-8　上涨中的股票下面的均线每一次的金叉都有一股力量在暗流涌动

案例3：新宁物流（300013）

2019年4月，经过反复筑底的新宁物流（300013），开启了一波上涨行情。股价从"蓄势待发"阶段的震荡筑底，向"天女散花"主升浪的行进过程，就是股价由空转多的一个彻底反转的过程，体现在均线系统上就是由原来典型的空头排列彻底转变为多头排列，在这个过程中的具体表现就是均线一根根的"鼎力相助"（见图1-9）。

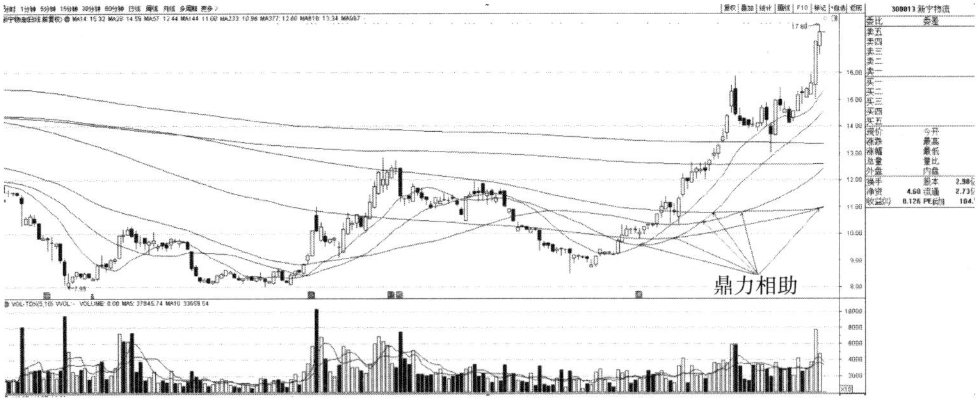

图1-9　大均线系统多头排列大行情，小均线系统多头排列小行情

案例4：大北农（002385）

大北农（002385）的走势简单明了，用我们股市脸谱的系统来把握，几个阶段清晰可见。先是一波大幅的"暗无天日"的下跌，然后是几个月的"蓄势待发"的横盘筑底，然后赶上2019年3月份的一波生态农业、饲料的行情，主力

就急不可耐地跟随大势做了一波几乎翻番的行情，但是不管是基本面还是板块热点的行情，表现在技术面的拉升都离不开均线系统的"鼎力相助"（见图1-10）。

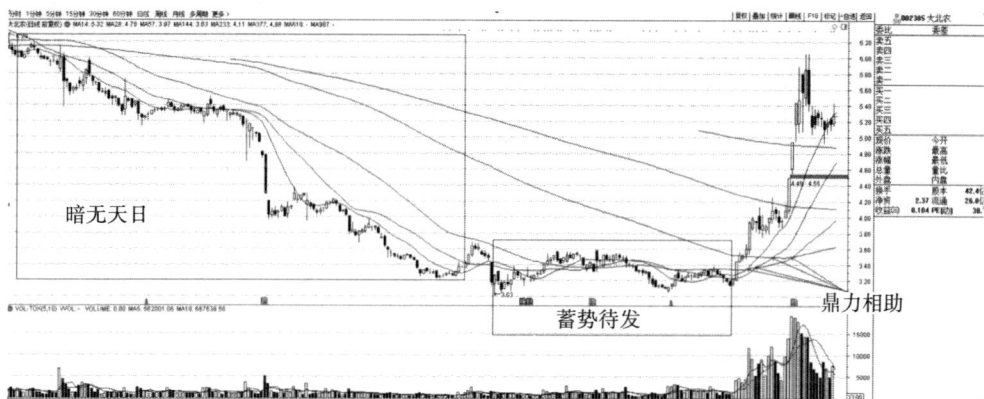

图1-10 "鼎力相助"就像一个大力士在下面有力地托住股价

案例5：五洲交通（600368）

2019年5月12日，五洲交通（600368）作为高速公路板块的龙头股，开启了一波连拉涨停板的猛烈行情，我们仔细观察这一波行情离不开像下面均线系统的"鼎力相助"（见图1-11）。

图1-11 只要均线金叉一直在增多，上涨行情就没完

投资哲理小故事

傍晚，一只羊独自在山坡上玩，突然从树林中窜出一只狼来，要吃羊。羊跳起来，拼命用角抵抗，并大声向朋友们求救。牛在树丛中向这个地方望了一

眼，发现是狼，跑走了；马低头一看，发现是狼，一溜烟跑了；驴停下脚步，发现是狼，悄悄溜下山坡；猪经过这里，发现是狼，冲下山坡；兔子一听，更是像箭一般离去。山下的狗听见羊的呼喊，急忙奔上坡来，从草丛中闪出，咬住了狼的脖子。狼疼得直叫唤，趁狗换气时，仓惶逃走了。

回到家，朋友都来了，牛说：你怎么不告诉我？我的角可以剃出狼的肠子。马说：你怎么不告诉我？我的蹄子能踢碎狼的脑袋。驴说：你怎么不告诉我？我一声吼叫，吓破狼的胆。猪说：你怎么不告诉我？我用嘴一拱，就让它摔下山去。兔子说：你怎么不告诉我？我跑得快，可以传信呀。在这闹嚷嚷的一群中，唯独没有狗。

投资感悟

俗话说得好：一个好汉三个帮；一个篱笆三个桩！一个人要成就一番事业，需要很多朋友的帮衬。一只股价要上涨、要大涨，更是离不开很多均线的支持，走主升浪的股票，均线系统一定是多头的！但是话说回来，可不是所有的均线系统多头排列的就都是"天女散花"哦！就像人吃饭是为了活着，但活着绝不是就为了吃饭一样那么富于哲理！

俗话又说：靠人不如靠己！所以，股价走出了"鼎力相助"。你也要自强、自立，要懂得这样的技术走势是有几个"好哥们"在帮你，最起码你要认识这样的技术走势。也就是说，你要知道有这么多的"好哥们"在暗暗地帮助你，而且最关键的是你也要及时买入，这样资金才会增值。

投资哲理小幽默

一个8岁的女孩拿着三角钱来到瓜园买瓜。瓜农见她钱太少，便想糊弄小姑娘离开，指着一个未长大的小瓜说："三角钱只能买到那个小瓜。"女孩答应了，兴高采烈的把钱递给瓜农。瓜农很惊讶："这个瓜还没熟，你要怎么吃它呢？"女孩："交上钱这瓜就属于我了，等瓜长大熟了我再来取吧。"

投资感悟

这个小女孩是在投资潜力股。我们在股市里面投资，也要做那些有潜力的股票，什么是有潜力的股票？就是股价经过了漫长的"暗无天日"以后，又经过主力资金收集的"蓄势待发"，然后均线系统又相继出现一个又一个的"鼎力相助"，最起码这样的股票从面相上看去就是好股票，再经过我们的其他一些技术手段分析并结合当前热点就能找出真正的好股票。

股市谚语：金叉死叉是个宝，去伪存真才能炒。

三、落井下石

落井下石的本意是指看见人要掉进陷阱里，不但不伸手救他，反而推他下去，又扔下石头。比喻趁人有危难时加以陷害。出自唐·韩愈的散文《柳子厚墓志铭》："一旦临小利害，仅如毛发比，反眼若不相识，落陷阱，不一引手救，反挤之，又下石焉者，皆是也。"我们把它引用到股市里面是指股价在经历过"魔鬼缠身"阶段的派发以后，股价在慢慢地向"暗无天日"阶段行进的过程中，均线系统由典型的多头排列慢慢转变为空头排列，股价节节败退并带领 14 日均线一路向下，并且引领下面的 28 日均线也由上行慢慢不在上行并开始下行而且慢慢下穿 57 日均线、再下穿 89 日均线、再下穿 144 日均线、再下穿 233 日均线、再下穿 377 日均线、再下穿 610 日均线；57 日均线也慢慢向下并下穿 89 日均线、再下穿 144 日均线、再下穿 233 日均线、再下穿 377 日均线、再下穿 610 日均线；89 日均线也由向上变为走平再在股价和其他均线的带领下也开始慢慢的向下并下穿 144 日均线、再下穿 233 日均线、再下穿 377 日均线、再下穿 610 日均线；144 日均线也同理下穿 233 日均线、再下穿 377 日均线、再下穿 610 日均线；233 日均线也下穿 377 日均线、再下穿 610 日均线；最后 377 日均线也下穿 610 日均线。均线系统形成 14 日均线在最下面、上面依次为 28 日均线、57 日均线、89 日均线、144 日均线、233 日均线、377 日均线、610 日均线从大到小整齐排列，股价运行在所有的均线下面一路下行、呈经典的"暗无天日"技术走势。我们把这一个个的均线死叉称作"落井下石"。就好像一群不怀好意的人们眼睁睁地看着股价下跌而不去帮助反而扔石头（死叉）。

案例1：江特电机（002176）

江特电机（002176）在2018年到2019年的这一波大幅下跌中，股价在一路马不停蹄地下跌，均线系统也没有闲着，不仅不帮忙挽救，而且一根根在忙着"落井下石"（见图1-12）。

图1-12 "落井下石"从图表上看就不是什么好的形态

案例2：天齐锂业（002466）

天齐锂业（002466）的股价在2018年下半年被拉到了一个相对高位以后，主力开始震荡出货，股价走出"魔鬼缠身"的技术走势。待主力出货完毕后，股价开始跳崖式下跌，奔向了"暗无天日"阶段。在这个过程中，均线系统也是非常的"给力"，一个个地在落井下石，加速股价下跌（见图1-13）。

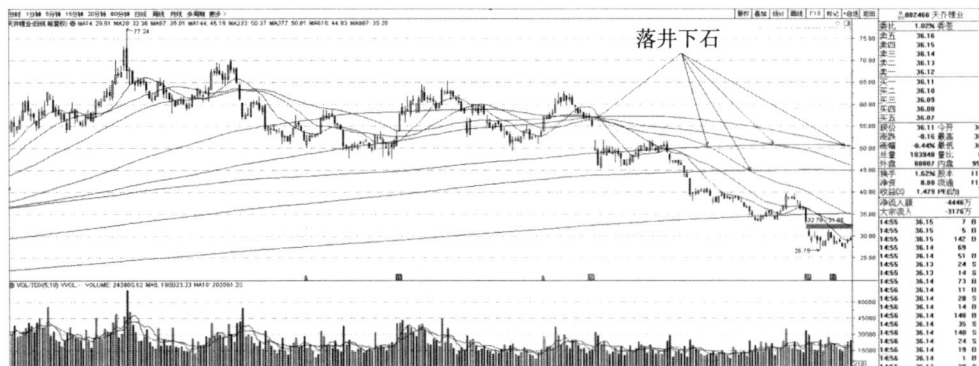

图1-13 "落井下石"只能加速股价的下跌

案例3：洛阳钼业（603993）

洛阳钼业（603993）从2018年3月19日到2018年10月19日，7个月时间股价从9.72元跌到3.44元。在这一段大幅下跌中，均线系统着实没少帮忙，要不是它们一个个地"落井下石"，股价的跌幅估计也没有这么快、这么猛。股价在多空互相转换的这个过程中，单从均线系统来说，多头排列和空头排列中最明显的一个变化就是一个死叉和金叉的相互转换。股价在从"蓄势待发"阶段走向"天女散花"主升浪的过程中，离不开均线系统的一个个"鼎力相助"；在从"魔鬼缠身"走向"暗无天日"的过程中，也离不开均线系统的"落井下石"（见图1-14）。

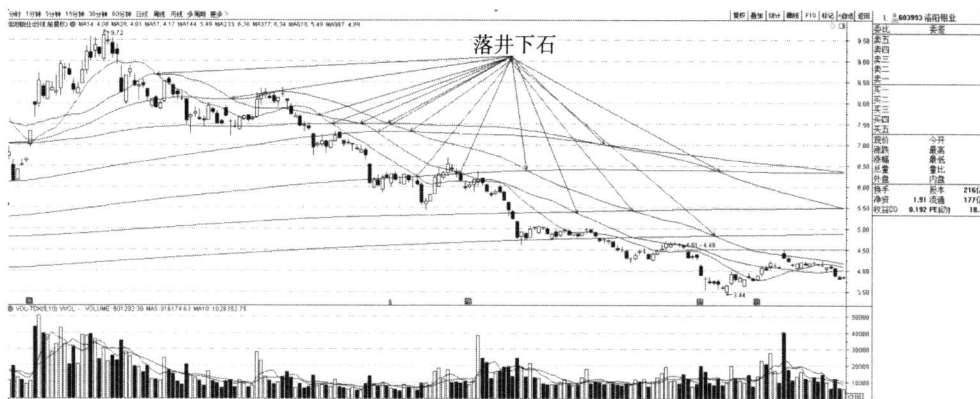

图1-14　"落井下石"和"鼎力相助"正好相反

案例4：亚太药业（002370）

亚太药业（002370）的这一轮下跌可谓是惨烈，78个交易日，股价从最高的21.35元跌到了11.61元。这中间均线系统的"落井下石"功不可没。在实战中，再看好的股票，股价只要不站上14日均线，我们一股也不买。14日均线就是我们的做盘生命线，线上生、线下死。手中持有的股票，一般都卖在前期诱多拉升的单根出局K线或者K线组合上，跌破14日均线以后，就是我们最后清仓的极限。14日均线下坚决不持股（见图1-15）。

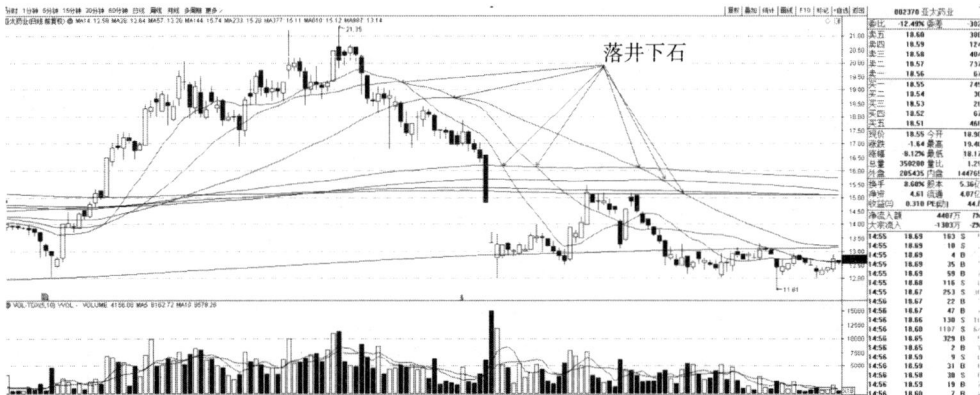

图 1-15 "落井下石"的形态可以帮助我们从均线系统上判断股价的走势

案例 5：ST 康得（002450）

2019 年 5 月份，ST 康得（002450）开启了连续"一字板"跌停的序幕。该股的这个悲剧发生以前，是在 2017 年被拉到了 26 元左右相对高位的时候，主力进行了出货，股价形成了"魔鬼缠身"的技术走势。2008 年 6 月 1 日，股价以跌停板的形式结束了"魔鬼缠身"，并且以三个"一字板"跌停的开幕式进入了"暗无天日"的阶段，然后在这个阶段又被戴上了 ST 的帽子，再然后就悲剧了。在这个悲剧形成的过程中，均线系统在不断地"落井下石"（见图 1-16）。

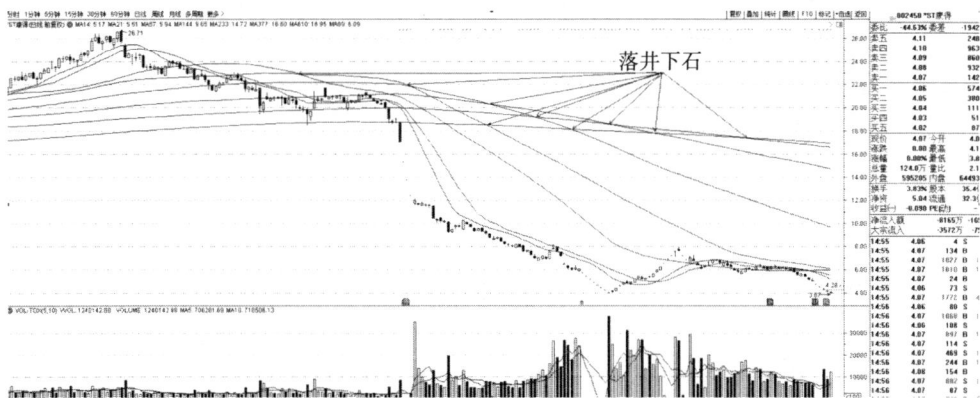

图 1-16 处于"落井下石"阶段的股票坚决不要买

投资哲理小故事

一切都是最好的安排

泰戈尔曾说过：你今天受的苦，吃的亏，担的责，扛的罪，忍的痛，到最后都会变成光，照亮你的路。

有个国王喜欢打猎以及与宰相微服私访。宰相最常挂在嘴边的一句话就是："一切都是最好的安排。"

一天，国王到森林打猎，一箭射倒一只花豹。国王下马检视花豹，谁想到，花豹使出最后的力气，扑向国王。经过大臣们的冒死倾力相救，最终仅将国王的小指被咬掉一截。

国王叫宰相来饮酒解愁，谁知宰相却微笑着说："大王啊，想开一点，一切都是最好的安排！"国王听了很愤怒说："如果寡人把你关进监狱，这也是最好的安排？"宰相微笑说："如果是这样，我也深信这是最好的安排。"国王大怒，派人将宰相押入监狱。

一个月后，国王养好伤，独自出游。他来到一处偏远的山林，忽然从山上冲下一队土著人，把他五花大绑，带回部落。山上的原始部落每逢月圆之日，就会下山寻找祭祀满月女神的牺牲品，土著人准备将国王烧死。

正当国王绝望之时，祭司忽然大惊失色，他发现国王的小拇指少了小半截，是个并不完美的祭品，收到这样的祭品满月女神会发怒，于是土著人将国王放了。

国王大喜若狂，回宫后叫人释放宰相，摆酒宴请，国王向宰相敬酒说："你说的真是一点也不错，果然，一切都是最好的安排！如果不是被花豹咬一口，今天连命都没了。"

国王忽然想到什么，问宰相："可是你无缘无故在监狱里蹲了一个多月，这又怎么说呢？"宰相慢条斯理地喝下一口酒，才说："如果我不是在监狱里，那么陪伴您微服私巡的人一定是我，当土著人发现国王您不适合祭祀，那岂不是就轮到我了？"

国王忍不住哈哈大笑，说："果然没错，一切都是最好的安排！"

投资感悟

这个故事告诉我们一个道理：在人的一生中所遭遇的困境和不解，在当下或许是难以接受的。但在过后某一时刻会突然觉得，这一切都是最好的安排。当困难来临，不要懊恼，不要沮丧，更不要只看一时。在我们的投资旅途中，不会那么一帆风顺，特别是一开始，总会有很多的不如意，不要急，不要埋怨，这些都是日后走向成功的奠基石。

把眼光放远，把人生视野加大，不要自怨自艾，更不要怨天尤人，永远乐观、奋斗，相信天无绝人之路。即使遭遇黑天鹅、遇到主力的暗算，也不要气馁，总会有出头的那一天。

所有的丢失，都是为了珍爱之物的来临腾位置；现在的亏损，是我们的学费，到我们毕业时都是要加倍拿回来的。

所有的匍匐，都是高高跃起前的热身；股价涨起来之前不也是有很长时间的匍匐前进吗？

所有的支离破碎，都是为了来之不易的圆满。一切都是最好的安排……

我们今生所有遇到的人和事，前世已注定；我们来世所有遇到的人和事，今生已注定。生命中的一切，我们都无须拒绝，笑着面对，不去埋怨。

遇到的人，善待；经历的事，尽心。一切都是最好的安排。

上天不会无缘无故做出莫名其妙的决定，它让你放弃和等待，是为了给你最好的。

走到生命的哪一个阶段，都该喜欢那一段时光，完成那一阶段该完成的职责，顺生而行，不沉迷过去，不狂热地期待着未来，生命这样就好。

不管正经历着怎样的挣扎与挑战，或许我们都只有一个选择：虽然痛苦，却依然要快乐并相信未来。

如果事与愿违，请相信这一切都是最好的安排！

印度有四句极具灵性的话：

（1）无论你遇见谁，他都是对的人。

（2）无论发生什么事，那都是唯一会发生的事。

（3）不管事情开始于哪个时刻，都是对的时刻。

（4）已经结束的，就已经结束了。

这四句话让我想起了佛陀释迦牟尼说过的相似的话：无论你遇见谁，他都是你生命中该出现的人，绝非偶然，他一定会教会你一些什么。

生活总会给你答案，但不会马上把一切都告诉你。

一个旅行者，在一条大河旁看到了一个婆婆，正在为渡水而发愁。已经精疲力竭的他，用尽浑身的气力，帮婆婆渡过了河。结果，过河之后，婆婆什么也没说，就匆匆走了。

旅行者很懊悔，他觉得，似乎很不值得耗尽气力去帮助婆婆，因为她连"谢谢"两个字都没有得到。

哪知道，几小时后，就在他累得寸步难行的时候，一个年轻人追上了他。年轻人说，谢谢你帮了我的祖母，祖母嘱咐我带些东西来，说你用得着。说完，年轻人拿出了干粮，并把胯下的马也送给了他。

所有的故事总会有一个答案，重要的是，在最终答案到来之前，你是否耐得住性子，守得稳初心。世界上最聪明的人就是把自己当个傻瓜一样，去做聪明的事情。

投资的路很长很长，一定要耐着性子稳稳地一步走，急不来。没有三年五载的日复一日的复盘，练不出火眼金睛，分辨不出技术形态的真假，吃主力的骗线，不要懊恼，静下心来苦练基本功。没有成千上万次的出错，不会成为出手就赢的大师。

不必急着要生活给予你所有的答案，有时候，你要拿出耐心等等。即便你向空谷喊话，也要等一会儿，才会听见那绵长的回音。

回报不一定在付出后立即出现，只要你肯等一等。生活的美好，总在你不经意的时候，盛装莅临。

山有峰顶，海有彼岸。

漫漫长途，终有回转。

余味苦涩，终有回甘。

这样"落井下石"的技术走势的股票我们是不喜欢的，我们的股市现在不能做空，只能等待它慢慢地走向"暗无天日"以后，再"蓄势待发"了，我们在把它纳入自选股、在慢慢捯饬它。好在现在我们的股市标的额多、有三千多只股票，并且品种还丰富，板块也多。一部分"落井下石""暗无天日"了，总是还有一部分在"蓄势待发""天女散花"，我们随时把频道切换到那些正在"蓄势待发"

"天女散花"的股票里即可。

投资哲理小幽默

老王最近股市操作不顺，出去旅游散散心。

在景区突然内急，寻公厕。这时，远远地看见一个，就一路小跑冲了过去。看厕所的大妈说："一块。"老王："这么贵？"大妈："走着来的五毛，跑着来的一块。"

投资感悟

这个大妈不就是典型的"落井下石"嘛！我们按照下跌形态卖出的股票，有时候会因为切入点不当会产生一些亏损，但是还是要按照形态赶紧出局，要不眼前只是亏 5 毛，不及时卖出的话被"落井下石"就有可能亏 1 块了。不要纠结在这上面，赶紧整理心情投入下次战斗！卖出的形态出来了，不卖只会造成更大的亏损！

股市谚语：均线系统把趋势，K 线语言打天下。

四、三军集结

股价经过漫长的"暗无天日"下跌以后，开始筑底，不再创新低，以小阴小阳的方式平行推进，股价横盘整理。到主力建仓尾段，股价会因买入盘日渐增多自然而然地走高，这是主力不希望看到的。于是，主力开始洗盘、驱逐获利筹码，均线系统遭到破坏，14 日均线下穿正在平行移动的 28 日均线、57 日均线。在成交量的递减行进中，说明获利盘慢慢减少，14 日均线不再下行，而且缓慢向上，慢慢靠向 57 日均线。这个时候市场持股成本基本一致，当 14 日均线上穿 57 日均线之时刚好和 28 日均线交汇在一起，形成一种市场共振，暗示拉升就在眼前。我们把这个三条均线交叉形成的结点称为"三军集结"。

"三军集结"出现在两个位置：

一个是在"蓄势待发"的尾段，是拉升的开始；

另一个是在"天女散花"的刚刚开始形成之初，是主升浪开始前的洗盘。

有句谚语形容这个技术形态最贴切不过：

三人一条心，黄土变成金，三人不一心，金银化灰尘。

案例1：普邦股份（002663）

2018年10月19日，普邦股份（002663）经历了从16元左右跌到2.26元以后，不再创新低，进入了"蓄势待发"阶段，主力开始收集筹码。在这接下来的半年时间里，一组一组的小阳线，下面悄悄放大的成交量清晰可见，这就是主力资金在悄悄地收集筹码。

2019年2月22日，黏合在一起的均线系统吹响了"三军集结"号，14日均线、28日均线、57日均线三条均线相交在一起，形成了一种合力，成交量也温和放大。第2个交易日股价跳空高开，但是并没有高举高打封住涨停，而是向下打，有经验的投资者都知道这是在清洗前期高点的获利筹码，等清洗完以后，股价封住了涨停。这些被清洗出局的投资者朋友，晚上复盘的时候也可能明白自己上当受骗了，筹码被主力骗了去，可是第2天一开盘就"一字板"，即使再懊悔也买不回来了，第3天涨停开盘，能买到即是最高价。这就是主力做盘，出其不意，攻其不备（见图1-17）。

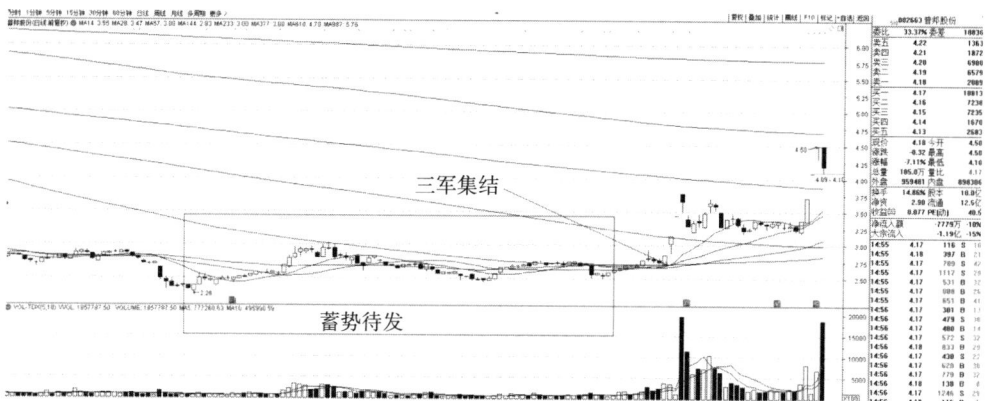

图1-17　"三军集结"是开战的总攻令

案例 2：长江通信（600345）

2019 年 2 月 25 日，在底部横盘多日的长江通信（600345）好像有睡醒了的意思，14 日均线、28 日均线、57 日均线三条均线在这一天为了一个共同的目的走到了一起，形成了"三军集结"的技术走势。往前看，股价已进入"蓄势待发"半年之久，中间主力建仓的迹象也相当明显，从股价的位置、成交量和均线的走势来看，这个三军集结应该是有效的、真实的、可靠的。接下来的股价也不负众望，拉出了 5 个"一字板"（见图 1-18）。

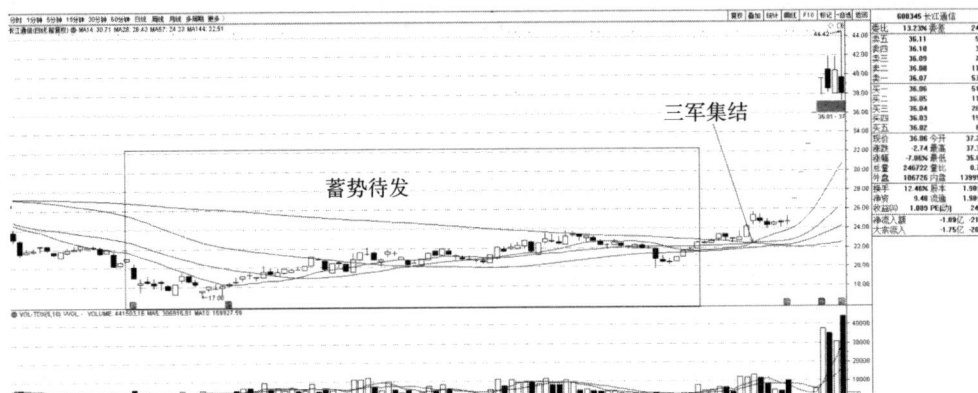

图 1-18 "三军集结"出现在"蓄势待发"的末端更是不可小觑

案例 3：欧普康视（300595）

2019 年 2 月 15 日，横盘整理多日的欧普康视（300595），走出了"三军集结"的技术走势，从这一天起，股价的走势一改往日横盘昏昏欲睡的作风，而是大踏步地向前进，把股价从 41.15 元一口气拉到了 2019 年的 4 月 2 日的 61.80 元。这中间最强的依托就是 14 日均线，走得累了，就趴在 14 日均线上休息两天，然后继续前行，当然了，这一波上涨最大的动力，就来自于"三军集结"（见图 1-19）。

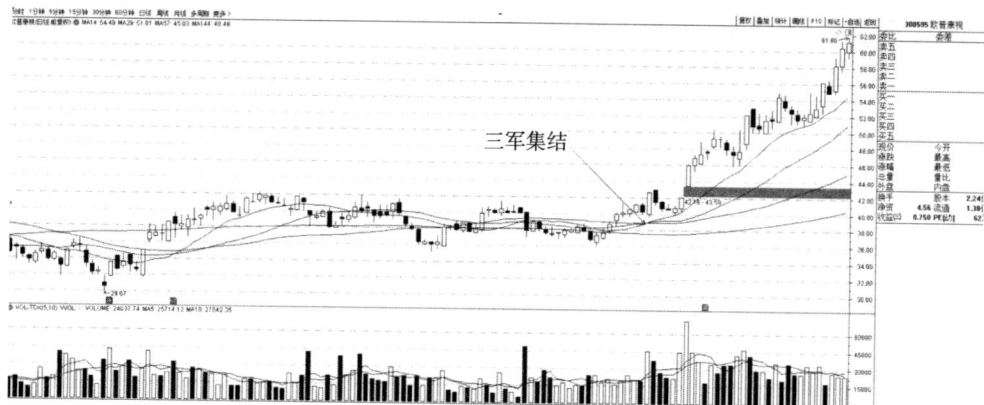

图1-19　"三军集结"是一波行情的起涨点

案例4：百傲化学（603360）

百傲化学（603360）是一只次新股，2017年2月6日上市以后，股价从7元被炒到了30元左右，然后再无行情，一直跌到2018年10月16日的10元左右。再然后股价不再创新低，2019年1月11日，均线走势走出了"三军集结"的技术形态，股价达到13元，在"三军集结"的强力支持下，到2019年3月28日，不到两个月时间，股价重回32元，这就是"三军集结"的威力（见图1-20）。

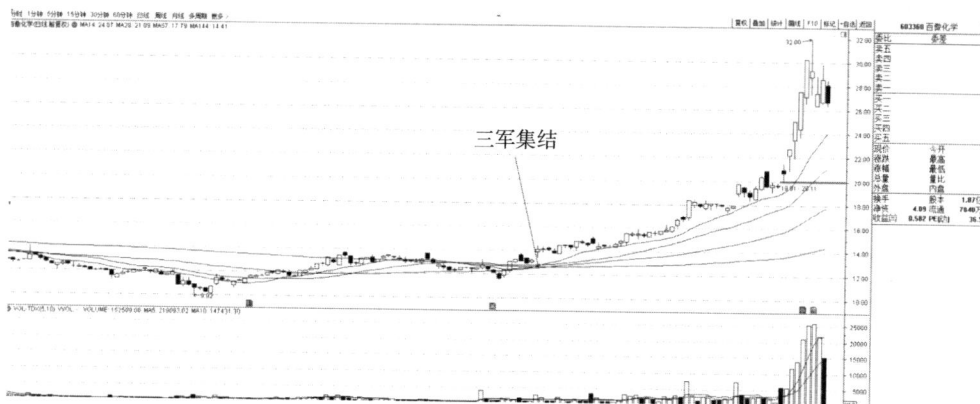

图1-20　"三军集结"后股价只要不下14日均线就一直持有

案例5：新界泵业（002532）

新界泵业（002532）的这个"三军集结"相当威武霸气。在2019年2月19日吹响"三军集结"号以后，又来了一组小阳线进行收集筹码；在这个"三军集结"形成末端，也是来了一组小阳线收集筹码，这前后两组整齐的小阳线，就像在排兵布阵一般，完毕后，干脆利落的来5个"一字板"，不拖泥不带水。而且在"蓄势待发"的阶段，就是蓄势，一点儿也不引人注意（见图1–21）。

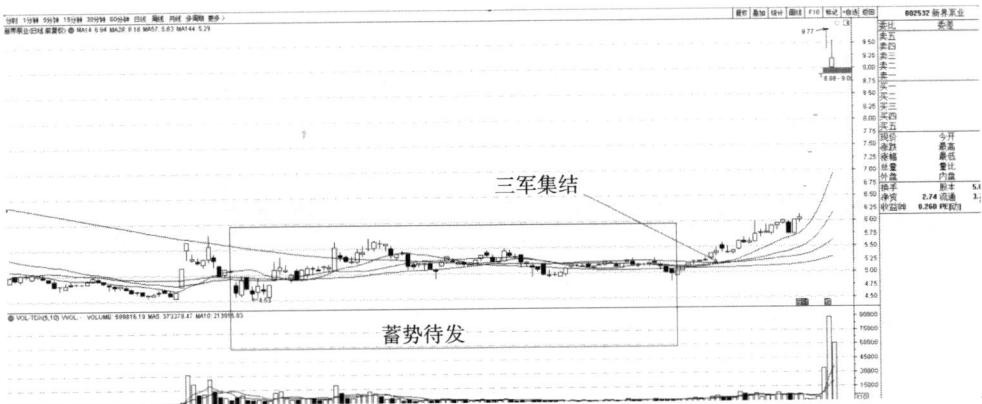

图1–21 "蓄势"完毕，吹响了"三军集结"号

投资哲理小故事

人生的两个机会

美国加州有位刚毕业的大学生，在2003年的冬季大征兵中他依法被征，即将到最艰苦也是最危险的海军陆战队去服役。

这位年轻人自从获悉自己被海军陆战队选中的消息后，便显得忧心忡忡。

在加州大学任教的祖父见到孙子一副魂不守舍的模样，便开导他说："孩子啊，这没什么好担心的。到了海军陆战队，你将会有两个机会，一个是留在内勤部门，一个是分配到外勤部门。如果你分配到了内勤部门，就完全用不着去担惊受怕了。"

年轻人问爷爷："那要是我被分配到了外勤部门呢？"爷爷说："那同样会有两个机会，一个是留在美国本土，另一个是分配到国外的军事基地。如果你被分配在美国本土，那又有什么好担心的？"年轻人问："那么，若是被分配到了国外的基地呢？"爷爷说："那也还有两个机会，一个是被分配到和平而友善的国家，另一个是被分配到维和地区。如果把你分配到和平友善的国家，那也是件值得庆幸的好事。"年轻人问："爷爷，那要是我不幸被分配到维和地区呢？"爷爷说："那同样还有两个机会，一个是安全归来，另一个是不幸负伤。

如果你能够安全归来，那担心岂不多余？"年轻人问："那要是不幸负伤了呢？"爷爷说："你同样拥有两个机会，一个是依然能够保全性命，另一个是完全救治无效。如果尚能保全性命，还担心它干什么呢？"年轻人再问："那要是完全救治无效怎么办？"爷爷说："还是有两个机会，一个是作为敢于冲锋陷阵的国家英雄而死，另一个是唯唯诺诺躲在后面却不幸遇难。你当然会选择前者，既然会成为英雄，有什么好担心的？"

投资感悟

是啊，无论人生遇到什么样的际遇，都会有两个机会。一个是好机会，一个是坏机会。好机会中藏匿着坏机会，而坏机会中又隐含着好机会。关键是我们以什么样的眼光，什么样的心态，什么样的视角去对待它。如果用乐观旷达、积极向上的心态去看待，那么坏机会也会成为好机会。如果用消极颓废、悲观沮丧的心态去对待，那么，好机会也会看成是坏机会。人生的际遇中，始终存在着两个机会。对那些乐观旷达、心态积极的人而言，两个都是好机会。对那些悲观沮丧、心态消极的人而言，则两个都是坏机会。

买入一只股票以后，不涨不跌的横盘忽略的话，也是只有两个结果：一是涨。这个时候不管怎么卖只是赚多赚少的问题。二是跌。买的时候更多的是要考虑这个问题，做这个问题的如果发生的预案，即为什么我们一直强调轻仓、半仓、重仓、T+0……这些多是我们应对买入后股价下跌的措施，当你有了这些预案，你是不是进可攻、退可守，怎么样你都如故事里那样没有什么好担心的？

投资哲理小幽默

一条猎狗将兔子赶出了窝，一直追赶他，追了很久仍没有抓到。牧羊人看到此种情景，讥笑地对猎狗说：你们两个之间小的反而跑得快很多。猎狗回答说：你不知道我们两个的跑是完全不同的！我仅仅为了一顿饭而跑，而它却为了性命而跑呀！

投资感悟

我听到过有投资者朋友这样说：我买的股票就放在那里，无所谓，一年下来只要比银行的利息高点就行。我不这样认为，放在银行里会有什么风险吗？几乎没有！虽然一直在说以后允许银行破产，但是目前还是没有什么太大的风险。而放在股市呢？风险有多大？冒着这么大的风险只要求比银行利息多一点点的回报就行？不公平吧？风险和回报不成比例。

这就是业余！业余的想法和业余的做法。

作为职业投资人的我们呢，不是为了一顿饭，而是投入全部的身心！所以我们有理由要求比银行利息多很多的回报，你说呢？

股市谚语： 熊市无利好，牛市无利空。

五、军心涣散

股价经过大幅的"天女散花"主升浪上涨以后，开始放量滞涨不再创新高，直到主力派发尾段，股价才会因买入盘日渐减少自然而然下跌。当主力资金派发得差不多以后，放弃护盘，股价开始下跌、均线系统遭到破坏，14 日均线下穿正在平行移动的 28 日均线、57 日均线。当 14 日均线下穿 57 日均线之时刚好和 28 日均线交汇在一起，形成一种市场共振，暗示后面会有一波大幅度的下跌。我们把这个三条均线交叉形成的结点称为"军心涣散"。

案例 1：凌霄泵业（002884）

经过高位震荡派发的凌霄泵业（002884），在 2018 年 5 月 29 日，14 日均线、28 日均线、57 日均线三条均线打成了死结，原来一心向上的均线在这个时候"军心涣散"了。又过了几个交易日，到 2018 年 6 月 13 日，28 日均线、57 日均线、89 日均线三条均线也打成了死结，股价再次"军心涣散"，队伍不好带了，然后就像一盘散沙似的一路狂跌（见图 1-22）。

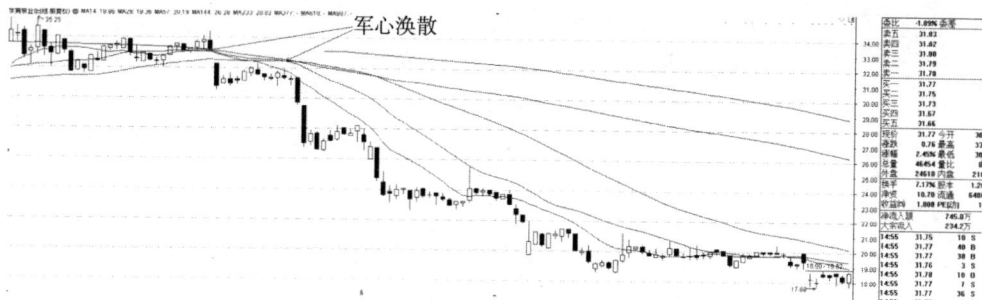

图1-22　"军心涣散"是一波下跌行情的临界点

案例2：恒逸石化（000703）

恒逸石化（000703）经过一波大幅的"天女散花"拉升以后，在高位放量滞涨，横向震荡。从这些升势凝重的技术形态上来看，主力在派发出货。2018年10月15日，14日均线、28日均线、57日均线三条均线打成了死结，股价"军心涣散"了，接下来开启了一波跳水似的下跌（见图1-23）。

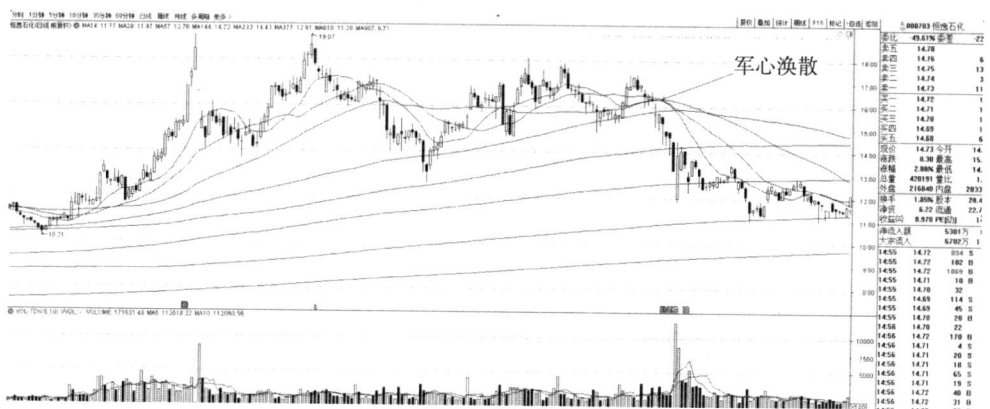

图1-23　"军心涣散"的股价就像一盘散沙

案例3：星辉娱乐（300043）

星辉娱乐（300043）经过一波大幅的下跌以后开始横盘整理，在整理完毕的末端，均线系统又走成了"军心涣散"的技术走势，看来人心还是不齐，这么低的股价，硬是又下了一个台阶，这让前期平台抄底的一拨人，造成大幅亏损，所以实战中在真正的上涨技术形态走出来之前，一定不要觉得股价已经很低了，或者跌幅已经很大了而盲目的去抄底（见图1-24）。

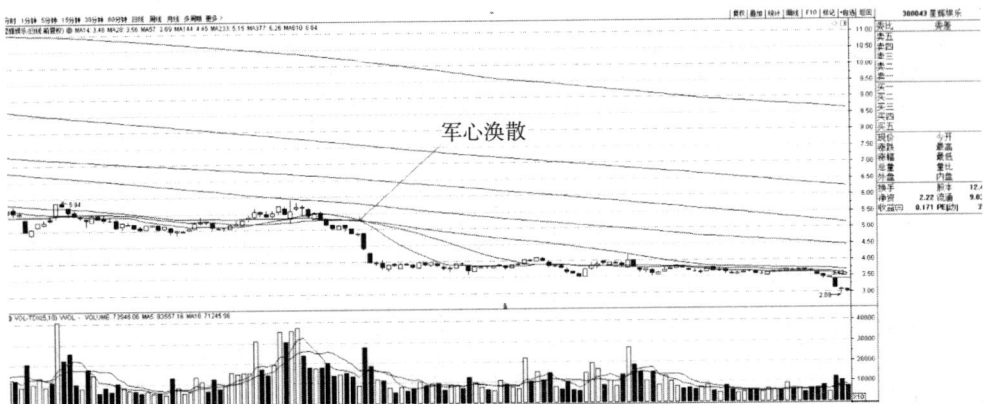

图1-24 "军心涣散"出现在低位后股价也还会有更低

案例4：中储股份（600787）

中储股份（600787）走出"军心涣散"前，均线系统已经相当黏合，经验不足的人在这里会判断股价筑底，很遗憾，这只是下跌的中继平台，在这个"军心涣散"出现以后，股价即出现跳崖式下跌（见图1-25）。

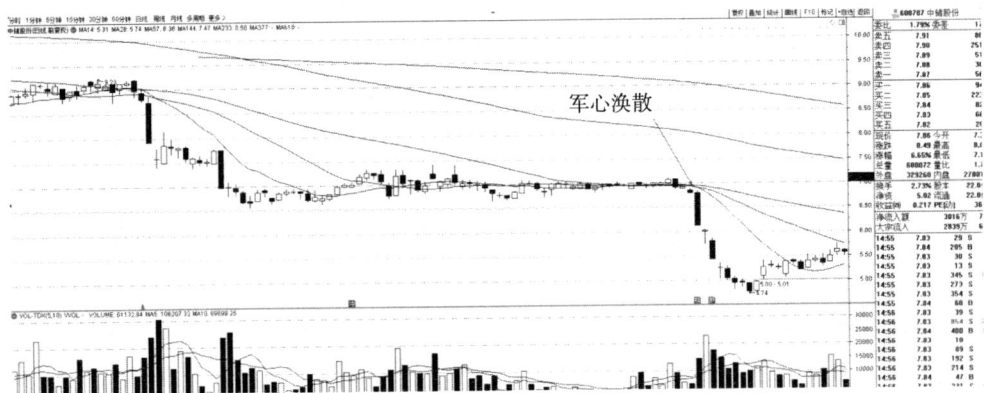

图1-25 任何下跌的股票，事先都会有一些征兆

案例5：ST雏鹰（002477）

ST雏鹰（002477）在被戴上ST帽子的悲剧之前，已经有过一波连续跌停的走势，并出现过"军心涣散"的技术形态，所以这个"军心涣散"的技术形态已经为以后的悲剧埋下伏笔（见图1-26）。

军心涣散

图1-26　当股价出现"军心涣散"形态时，要毫不犹豫地卖出

投资哲理小故事

生命的列车

人生一世，就好比是一次搭车旅行，要经历无数次上车、下车；时常有事故发生；有时是意外惊喜，有时是刻骨铭心的悲伤……

降生人世，我们就坐上了生命的列车。我们以为，我们最先见到的两个人——我们的父母，会在人生的旅途中一直陪伴着我们。很遗憾，事实并非如此。

他们会在某个车站下车。留下我们，孤独无助。他们的爱，他们的情，他们不可替代的陪伴，再也无从寻找……

尽管如此，还是会有其他人上车，他们当中的一些人，将对我们有着特殊的意义。他们之中有我们的兄弟姐妹，有我们的亲朋好友。我们还将会体验，千古不朽的爱情故事。

坐同一班车的人当中，有的轻松旅行，有的却带着深深的悲哀……还有的，在列车上四处奔忙，随时准备帮助有需要的人……很多人下车后，其他旅客对他们的回忆历久弥新……但是，也有一些人，当他们离开座位时，却没有人察觉。

有时候，对你来说情深义重的旅伴，却坐到了另一节车厢。你只得远离他，继续你的旅程。当然，在旅途中，你也可以摇摇晃晃地穿过自己的车厢，到别的车厢去找他……可惜，你再也无法坐到他身旁。因为这个位置，已经让别人给占了……

没关系，旅途中充满挑战、梦想、希望、离别……就是不能回头。因此，尽量使旅途愉快吧！善待旅途上遇见的所有旅客，找出人们身上的闪光点。

永远记住：在某一段旅程中，有人会犹豫彷徨，因为我们自己，也会犹豫彷徨；我们要理解他人，因为我们也需要他人的理解。

生命之谜就是：我们在什么地方下车？坐在身旁的伴侣，在什么地方下车？我们的朋友，在什么地方下车？我们无从知晓……

我的孩子们上车时，没有什么行李，如果我能在他们的行囊中，留下美好的回忆，我会感到幸福。

我下车后，和我同行的旅客都还能记得我，想念我，因为我而更快乐更成功，我将感到快慰。

投资感悟

一个不会游泳的人，老换游泳池是不能解决问题的；

一个不会做事的人，老换工作是解决不了自己的能力的；

一个不懂经营爱情的人，老换男女朋友是解决不了问题的；

一个不懂经营家庭的人，怎么换爱人都解决不了问题；

一个不学习的老板，绝对不会持续地成功；

一个不懂正确养生的人，药吃得再多，医院设备再好，都是解决不了问题的；

一个不会炒股的人，老换股是解决不了问题的。

"我"是一切的根源，要想改变一切，首先要改变自己，学习是改变自己的根本！你阳光，你的世界充满阳光；你有爱，你就生活在爱的氛围里；你快乐，你就洋溢在笑声里。同样，你每天抱怨、挑剔、指责、怨恨，你就生活在地狱里。

一念到天堂，一念下地狱。

三军集结，买入！

军心涣散，卖出！

投资哲理小幽默

　　话说父子俩穷得家徒四壁，好不容易翻到俩铜板，都想到了去打酒喝。父亲怕儿子路上偷喝，儿子怕父亲不给自己喝，于是爷俩一块去打酒。俩人都抱着酒罐走，父亲不小心跌了一跤，酒罐破了，酒洒了一地，父亲趴下就喝，儿子吓傻了，在那愣着。他爹就吼道：你还愣着干啥呀，还等上菜呀！

投资感悟

　　"军心涣散"这样的技术形态出现时，就别再等主力朋友亲自给你打电话让你卖出你再卖了，再等的话到手的资金马上就会像酒一样流进土里渗干了。赶紧像那位父亲一样，趴下就喝，千万不要像那个小子一样等上菜了，先来他个酒足再说。凡事不能追求完美，既然不能酒足饭饱，那先酒足也不错。过分追求完美的话，一会儿可能连酒足也没有了。在投资过程中，遇到风险了就先不要谈利润了，保住本金才是第一要义。

　　股市谚语：轮到垃圾股表演时，预示牛市即将谢幕。

六、最强之音

　　"最强之音"这个技术形态分两种情况：

　　第一种情况，我们的均线系统是 14 日均线、28 日均线、57 日均线、89 日均线、144 日均线、233 日均线、377 日均线、610 日均线，一共 8 根，当股价成典型的空头排列时，14 日均线在最下面，610 日均线在最上面，当股价完成筑底时，大多时候是均线横盘互相缠绕的阶段，这个时候是拉升的前奏，也是股价形成"天女散花"的前期，这个时候这 8 根均线互相缠绕，总体是平行运行，当股价突破最上面的一根均线的时候，就是股价形成"天女散花"的最后一个节点，这最上面的一根均线是股价的最后一道关口，它对股价的压力在这 8 根均线里面来说，是压力最大的一根，我们就把它称为股价的最强之音。

这个时期的最佳买点有两个：

（1）股价突破最强之音，14日均线也同步突破这根最强之音，股价收阳，从这个节点出发，这是追涨的最佳机会；

（2）股价突破最强之音，14日均线也同步突破这根最强之音，股价收阴，落在这个结点上这是低吸的最佳机会。股价再横盘整理几天或者继续往下探，以这根最强之音为止损线，有效跌破最强之音，形态宣告失败，止损，等待下一个买点出现。在横盘整理或者下探过程中如果走出止跌形态，起死回生，加仓，突破前期整理平台或者高点，重仓出击。

第二种情况，股价经过一波不太大的拉升后，股价开始下跌，这个时候的股价整体还是处于多头排列，股价下跌，跌到这8根均线的最下面的一根均线时，会有较强的支撑，这个较强是怎么比较的较强？就是这8根均线相比而言较强，所以这里也称作是最强之音。当股价运行到这根最强之音处时，也是最佳买点。

案例1：风华高科（000636）

2019年3月6日，风华高科（000636）的14日均线上穿此时股价均线系统的最上面一根均线233日均线，股价收阴，但是没有正好落在这个节点上，属于悬空型的，这个K线当时的市场意义应该是压价逼仓。接下来股价又横盘整理了几天，2019年3月17日，股价第3根阴线继续往下探，当天最低价14.50元，当天的23日均线数值为14.51元，就差了一分钱，那么也正是这一分钱，引发了后面的一波行情。生活中我们不能斤斤计较，但股市中我们一定要分毫不差。当然了，这个时候如果打的低几分钱也无所谓，只要收盘的时候再收到233日均线之上，也不影响整个系统的运行，但是就说明主力操盘手没那么精确，那么接下来的上涨就会磨叽，如果主力是那种分毫必争的人，那么接下来的上涨就会很干脆利索。实战中为什么我们有的时候低吸股票能精确到分？就是看到我们这套系统。望有心的读者，仔细体会感悟（见图1-27）。

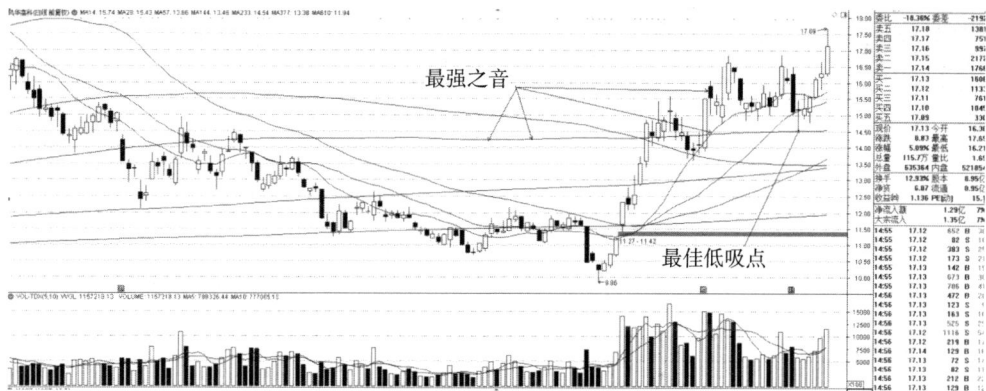

图1-27　上涨找压力，下跌找支撑

案例2：风华高科（000636）

再来说说这个风华高科（000636）。我们往前看，2018年6月29日，14日均线突破当时的最强之音压制，股价要"出人头地"了，均线系统当时的最强之音是57日均线（这个最强之音不是固定的某一根均线，而是除了14日均线以外的7根均线都有可能是，就看实战中股价怎么运行，主力怎么折腾，折腾到哪就算哪，运行到哪一根均线在最上面哪一根均线就是最强之音，反之亦然），股价当天以涨停板报收，接下来14个交易日，把股价从14元左右拉到最高的24元左右。

为什么同一只股，实战中的均线系统运行走势如此一样呢？这就是股价的运行规律所致，我们的这一套《股市脸谱》的书重在揭示股价运行规律，而K线为什么能做到收阳线就暴风骤雨的上攻？收阴线就要继续调整？这就是实战中主力做盘的意图，我们就是通过一根根K线来分析揣摩主力的做盘意图，此时的我们就是一个股市警察，通过均线、K线、成交量来捕捉主力的动向。就比如这个风华高科的6月29日这一天的涨停板，早上开盘高开就是买点，当天收获涨停板。为什么实战中我们能做到分毫不差呢？这就是我们这一套《股市脸谱》的魅力所在。我再重复一下，我们这套书，重点就三句话：揭示股价的运行规律，揭秘主力的操盘手法，之后打造我们的交易系统。以此为例，看看我们的打造交易系统精不精准？当然了，如果再结合用分时系统会更加精确。低吸追涨都有依据，而且精准到分。这样的话，我们既不早一天买入，也不至于踏空。早一天买入股价不涨，沉淀资金，降低我们的资金使用率，晚一天买入就踏空。如果晚几天再买入也可以，只不过有点勉强，而且稍有不慎就有可能会被套。若不能做到恰如其分，买入等涨，反而犹豫再三的话，很有可能就与这波行情失之交臂（见图 1-28）。

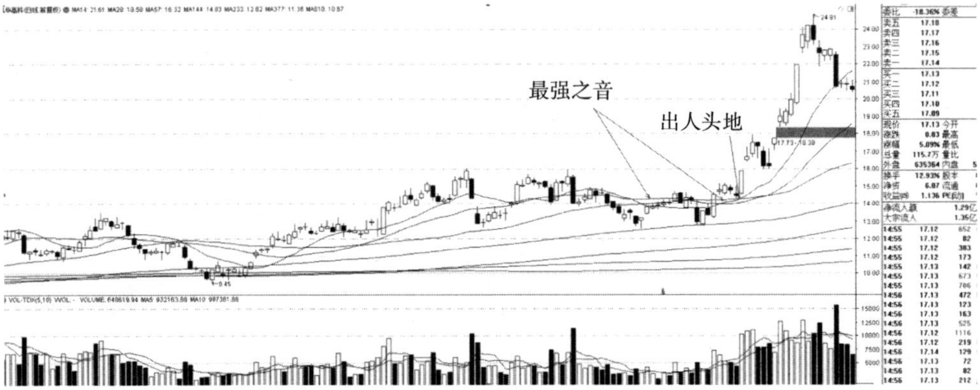

图 1-28 "最强之音"在下面时支撑最大，"最强之音"在上面时压力最大

案例 3：风华高科（000636）

干脆我们就还说这个风华高科（000636）吧。在 2018 年的这一波上涨以后，到 2019 年的这一波上涨之间，有一波大幅的下跌，这时候拿均线系统来把握的话，下跌的最深幅度就是 610 日均线附近，而这个时候 610 日均线在最下面，那它就是股价的"最强之音"，换句话说它就是股价的最强支撑，最后一根防线。实际的走势也是如此，在经过 2018 年 6 月份大幅上涨以后开始下跌，到 2009 年 1 月份止跌，也就是在 610 日均线附近止跌，后面又走出了 2019 年 3 月份的行情，股价在最下面那根"最强之音"找到支撑以后，突破最上面的一根"最强之音"，然后就开始了上涨的行情，把股价的运行规律弄清楚了以后，股价的运行就是这么简单明了（见图 1-29）。

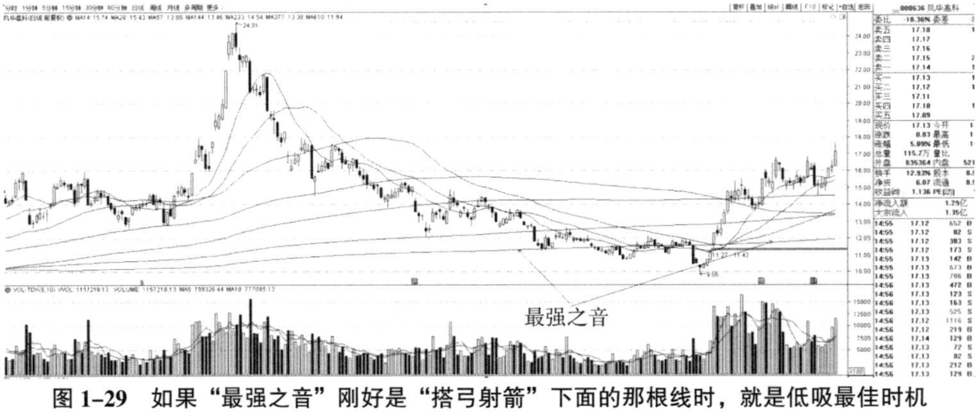

图 1-29 如果"最强之音"刚好是"搭弓射箭"下面的那根线时，就是低吸最佳时机

案例 4：冀东水泥（000401）

2019 年 2 月 19 日，盘整多日的冀东水泥（000401），在股价的带领下，14 日均线冲破"最强之音"的压制，这个时候的最强之音是 377 日均线，可是当天股价收阴，并不是买入的最好时机。时隔 4 个交易日，到 2019 年 2 月 22 日，当天的股价最低价是 13.37 元，377 日均线的数值为 13.34 元。而且当天股价收盘的时候又站上了 14 日均线，这个时候的 K 线形态又符合了我们另外一个买点"势如破竹"（详见《股市脸谱》第一本），双重买入形态，当然要更加可靠，然后开始了一波"势如破竹"般稳步拉升，到 2019 年 4 月 3 日收盘，股价达到 19.10 元（见图 1-30）。

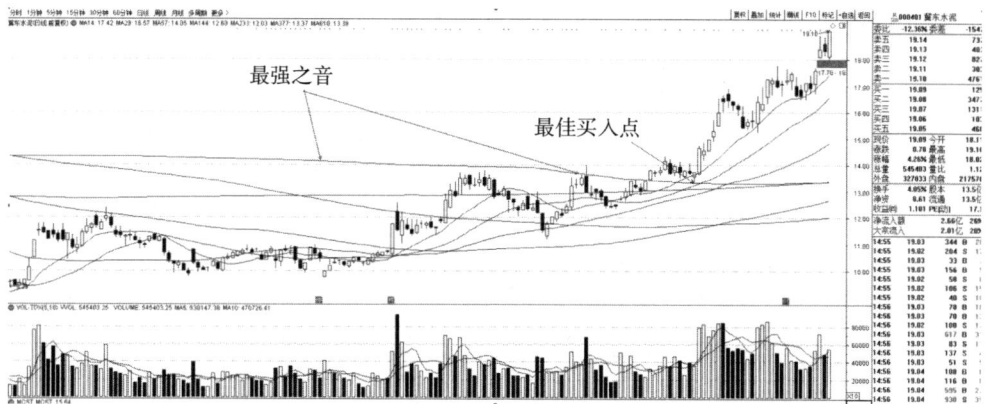

图 1-30　"最强之音"在最上面时是股价上涨的最后一道关卡

案例 5：恒锋工具（300488）

2019 年 5 月 7 日，恒锋工具（300488）以涨停板的形式走出了"起死回生"一阴一阳的 K 线组合，接下来连拉几个涨停板，我们仔细观察一下 5 月 6 日这个阴线，跌幅 -6.9%，收盘刚好收在了我们的 8 根均线系统最下面的一根均线之上，这根均线的支撑力度最大，我们就把它称作"最强之音"（见图 1-31）。

图1-31　几根均线重合在一起是"最强之音"

投资哲理小故事

德国工程师斯特曼斯的要价

1923年，美国福特公司一台大型电机发生故障不转了。而这台电机关系到整个公司的生产，公司请了很多有名的工程师去会诊，可是四个月过去了查不出结果。公司损失巨大。后来，经人介绍，公司邀请了移居美国的德国科学家斯特曼斯来解决问题。

斯特曼斯在大型电机旁搭了个帐篷，而他就在帐篷里听电机的声音。两天过去了，斯特曼斯登上梯子在电机上下测量，最后在电机的某一处画了一条线。然后，他对福特公司的经理说："打开电机，把作记号处的线圈去掉17圈，电机即可正常运转。"福特公司的技术人员将信将疑，结果照这个办法一试，果然不错，电机的故障排除了。

斯特曼斯向福特公司要酬劳费10000美金。有人不以为然，认为："画一条线要10000美金，这是勒索。"斯特曼斯笑一笑提笔在付款单上写道："用粉笔画一条线，1美元；知道在哪里画线，9999美元。"

这个消息很快就传到了美国通用电气公司，该公司觉得斯特曼斯人才难得，将来必有大用。他们立即去和斯特曼斯本人联系，发现这个难得的人才在一个小工厂工作。他们立即用几倍的工资聘请这个德国人，但他拒绝了。斯特曼斯解释说："因为在我最困难的时候，这个小工厂救了我。"

后来，美国通用电气公司，专为此事开了董事会，结果是经董事会研究决定：把这个德国人和整个小厂子一起买过来。

投资感悟

股市里"高抛低吸"的操作一个是按照形态：出货的高抛、吸货的低吸；一个就是寻找压力和支撑，在寻找压力和支撑的时候，均线就是我们最好的法宝，特别是我们这套用神奇数字设置的均线系统更是实战中的利器。

当一波行情完结以后，股价不管是自己还是跟随大盘一路下跌下来以后，如果中间没有什么像样的反抽行情，一直到"最强之音"均线处，一般都会在这里止跌并做一波行情。反之，股价从下面"蓄势待发"以后开始上攻，一路马不停蹄地上攻到最强之音处以后，一定会有个会抽、洗盘动作。

这就是实战中"最强之音"的市场意义。

投资哲理小幽默

上联：解释过去头头是道，似乎有理；

下联：预测未来躲躲闪闪，误差惊人；

横批：经济分析。

股评家：我们的职业就是要预测出股票的涨跌。

记者：那要是预测错了呢？

股评家：那就得说出理由。

投资感悟

股评家的话，参考不参考意义都不大，因为他们是说股票的，大多是马后炮的分析，只是为股价的上涨或下跌说出个理由，有什么实战意义呢？我们是做股票的，做和说是两回事，说错了，无伤大雅，找出理由就好了；做错了，损失的就是真金白银了。而且不管股评家有没有真本事，很多时候他们需要传递一些正能量、需要维稳、需要说一些言不由衷的话，所以……你懂的。就更不说被庄家收买的黑嘴了。

股市谚语：买入时要有信心，持有时要有耐心，卖出时要有决心！

七、出人头地

出人头地的意思是指高人一等，形容德才超众或成就突出。出自宋·欧阳修《与梅圣俞书》："老夫当避路，放他出一头地也。"我们把它引用到股市里是指14日均线在股价的带领下经过"蓄势待发"以后，一路向上攻城略地、过五关斩六将（相继冲破57日均线、89日均线、144日均线、233日均线、377日均线）后又顽强地穿越最上面的一根"最强之音"均线。这个时候的均线并不一定是按部就班的610日均线，因为经过股价的反复折腾除了14日均线的7根均线（27日均线、57日均线、89日均线、144日均线、233日均线、377日均线、987日均线）都有可能是。好像一个人经历重重磨难终于修成正果一样，这个重重磨难在股市里就是多条均线的层层压制，一根根地突破以后直到最后一根也被14日均线突破。上面没有了均线的压制、一片海阔天空，标志着股价从"蓄势待发"阶段运行到了"天女散花"阶段。我们就把14日均线冲破最上面一根均线的结点称为"出人头地"。

案例1：复旦复华（600624）

2019年3月8日，复旦复华（600624）的14日均线突破最上面一根均线——610日均线的压制，形成"出人头地"的技术走势，股价当天收阴，正好落在了这个金叉的节点处。第2天股价以"一字板"开盘，盘中稍许撕开一个口子，把近期高点的获利筹码一网打尽。然后接下来的8个交易日，到2019年3月21日，股价从7.10元拉到了最高处的16.09元。这只股票当时刚好赶上了科创板概念的炒作。技术形态、基本面和题材的完美结合，演绎了8个交易日翻番暴涨（见图1-32）。

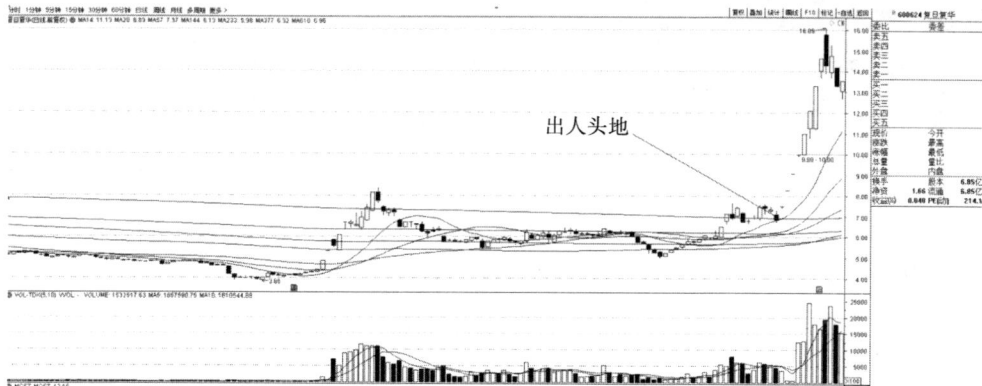

图 1-32 股价突破"最强之音"之后形成"出人头地"

案例 2：市北高新（600604）

2019 年 2 月 22 日，横盘调整了几个月的市北高新（600604），在当天股价涨停板的带领下，均线系统也突破了最上面一根均线的压制，股价"出人头地"了，接下来的走势真是不鸣则已、一鸣惊人啊！接下来的 14 个交易日，11 个涨停板，而且中间的洗盘都是以跌停洗盘，更夸张的是有一根过前高的 K 线，是用天地板来洗盘，可见主力操盘之凶悍。

这只股票之所以当时炒作这么厉害，是因为它当时是科创板概念的龙头。2018 年 11 月 5 日，国家进博会在上海开幕，国家主席习近平宣布了要在上海设立科创板。作为科创板概念的市北高新，当天就涨停报收，接下来拉了 11 个"一字板"。然后开始回调，回调了三个月，等科创概念日渐明晰的时候，股价冲破最强之音形成出人头地，可谓题材、大势、政策面、基本面、技术面高度相呼应，所以就理所当然地形成大牛（见图 1-33）。

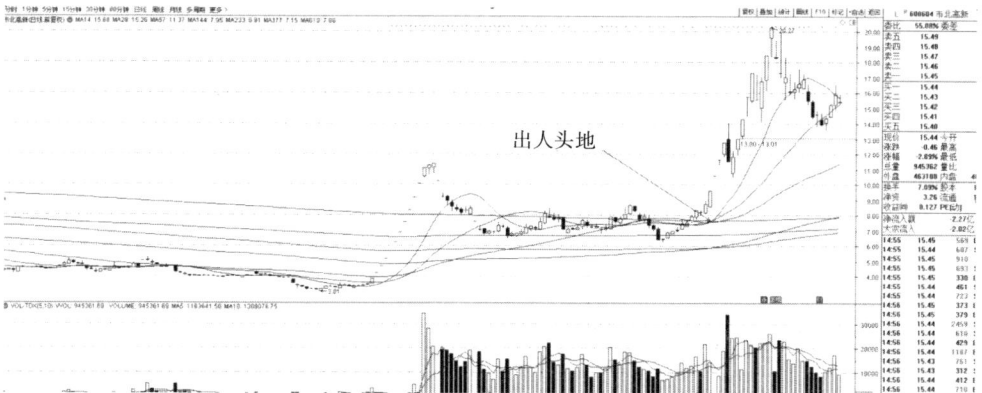

图 1-33 此案例是"出人头地"的最佳演绎

案例3：科蓝软件（300663）

2019年3月4日，科蓝软件（300663）的14日均线在股价的带领下，越过了最上面的一根均线——233日均线的压制，形成了"出人头地"的技术走势。在这之前股价已经有了一波不小的涨幅，接下来股价就横盘整理，到2013年3月15日股价趴在14日均线上休息。2019年3月18日一开盘，股价就形成"势如破竹"的最佳买点，而且还是以涨停报收，接下来连续拉涨停板，用了14个交易日，就把股价从20元左右拉到了近50元左右（见图1-34）。

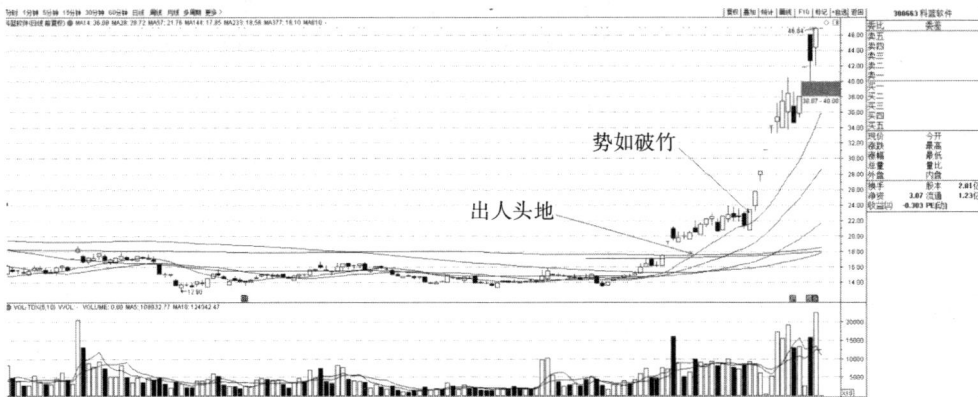

图1-34 刚好处于板块龙头的"出人头地"将是天马行空

案例4：先达股份（603086）

2019年2月26日，横盘整理了长达一年半左右的先达股份（603086），终于在技术形态上走出了"出人头地"，14日均线上穿最上面一根均线——377日均线的压制，然后才开始股价的上涨之旅。所以从这个案例中我们可以看出均线系统的重要性，最主要的是它的支撑和压力，一年之久都没有冲破这根377日均线，可见这根"最强之音"的压力之强，冲破以后，就暴风骤雨式地上涨，到2019年4月4日，用了29个交易日，把股价从25元左右拉到了40元左右，而且上涨的过程中的回调，最低点就是14日均线。

在这个案例中重点说三个要点：

（1）"天女散花"是股价的主升浪，这一段上涨就是天女散花；

（2）"最强之音"在上面时候的压力最大，而冲破这根"最强之音"，接下来的运行就是"天女散花"，这个节点就是"出人头地"；

（3）股价上涨过程中回调时的最有力支撑也是"最强之音"，14日均线为最佳低吸点（见图 1-35）。

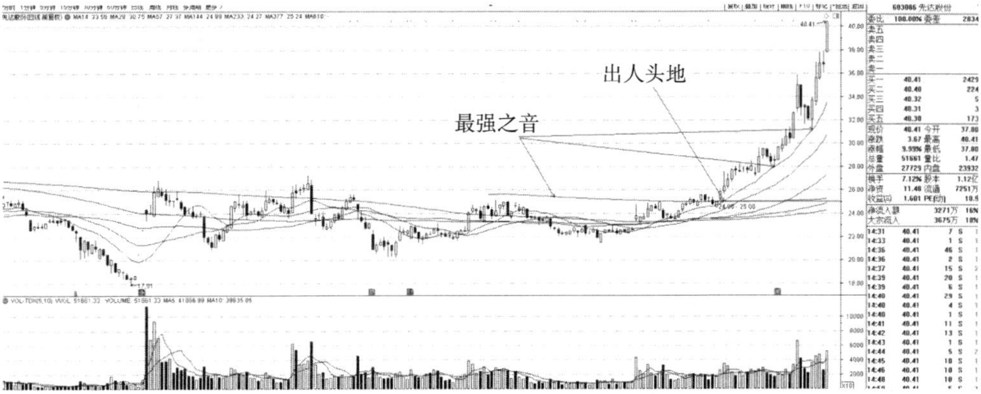

图 1-35　"出人头地"和"最强之音"是完美的配合

案例 5：正邦科技（002157）

2019 年 1 月 10 日，正邦科技（002157）的 14 日均线突破最上面一根均线 610 日均线的两三年的压制，形成"出人头地"的技术走势，股价当天收阴，正好落在了这个金叉的节点处。第二天股价收阳，然后一发不可收拾，把股价从 5 元左右拉到了 20 元左右（见图 1-36）。

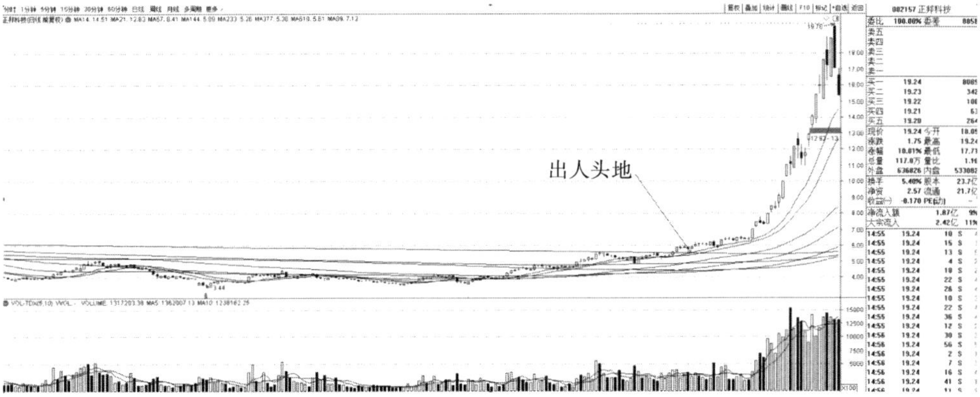

图 1-36　这个案例的"出人头地"绝对是名副其实、扬眉吐气

投资哲理小故事

话说有一投资者朋友老王向一位投资大师讨教，大师说："我做三件生活小事，你一模一样地模仿出来。如果都做对了，说明你对沪深股市的投资之道

已经洞悉了，否则你就还有提高的空间。"老王听大师这么一说，心想这有什么，便一口答应，心里还想：说相声的曾经有学说三句话的游戏，你可骗不了我。自以为一定可以胜利了，于是暗喜！

大师首先从怀里拿出一支笔，老王赶忙也拿出一支笔：大师看了老王一眼，又把笔收了起来，老王也看了大师一眼，也把笔收了起来。大师冲老王笑了笑，拿起一只茶杯喝了一口水，老王也拿起茶杯喝了一口水……

这时大师用一种奇怪的神情看着老王。老王心里嘀咕：莫名其妙地想："为什么笑？难道我做错了吗？"

大师依旧笑而不语，只见大师一张口将刚才喝的那口水，又吐回了茶杯。

老王一下子傻了眼，因为老王那一口水早就咽到肚子里啦……

投资感悟

看完这个小故事之后我们就要明白，所有的分析和操作都得留有余地，同时要对主要对手，比如说券商、基金、上市公司、跟风者（应该还有无法说出来的对象），进行分析时要细之又细，同时还要防止他们把已经喝了的水又吐出来。如果你做不到这点，那么你在其他方面再努力，也难免会是一个失败者。事实证明，沪深股市，许多时候都把已经喝了的水吐了出来，大师的战略眼光无人可及。

当前的 T+1 制度，首先要用分仓来把它变通为 T+0，否则就被动。主力资金是筹码、现金两手准备，盘中随时买、随时卖。我们也要先打好底仓滚动操作才能变被动为主动。

其次，不是首板或者位置不对的莫名其妙的涨停板尽量不要去追，否则当天收个烂板，就有可能被套，第二天股价再一低开，就更加被动。

如同小故事里的大师，股价涨停了，主力资金随时都会在板上出货，我们也要两手准备不要一下子把水咽进肚子里。

投资哲理小幽默

问：满仓的股票连拉三个涨停板是什么感觉？

答：欲仙欲死。

> 问：那连拉三个跌停板呢？
>
> 答：郁闷死。
>
> 问：满仓股票后长时间不涨不跌什么感觉？
>
> 答：急死。
>
> 问：为什都是死？
>
> 答：进入股市的本身就是找死。
>
> 问：那不进股市呢？
>
> 答：生不如死！

投资感悟

拿住了三个涨停板，没有卖，又遇到了三个跌停板，后悔死！

不懂得锁定利润，坐电梯还浪费电费呢？光浪费电费倒不也是什么大事，关键是有时候还会坐到地下室去，那就有点得不偿失了。

股市谚语：人生，实践出真理；股海，实战长智慧。

八、自甘堕落

"自甘堕落"的意思是：自己甘心思想行为向坏的方向发展。出自清·褚人获《隋唐演义》第32回："你前程有在，但须澄心猛省，不可自甘堕落。"在股市里的表现是指"天女散花"的反结点。股价经过大幅的"天女散花"主升浪的拉升以后，又经过"魔鬼缠身"出货阶段的出货，然后14日均线在股价的带领下一路下跌，跌到最后穿过最下面的一根"强势之音"的均线（这个时候的均线并不一定是610日均线，因为经过股价的反复折腾除了14日均线的7根均线都有可能是），使股价走向"暗无天日"的阶段。我们就把14日均线下穿"最强之音"的这个结点称为"自甘堕落"。

这个"自甘堕落"的均线走势就是姜育恒的歌曲《驿动的心》里的歌词真实写照：终点又回到起点。

案例1：金花股份（600080）

2018年12月14日，金花股份（600080）的14日均线下叉最下面的一个均线——233日均线，这个时候233日均线在最下面，那么233日均线就是该股的"最强之音"。14日均线突破这根均线，技术走势上就是"自甘堕落"。"自甘堕落"以后股价连个像样的反抽都没有，一口气跌到了2019年1月31日5.45元的最低处。

在这个案例中，有一处重点值得提醒，那就是在前边相对高位的14.93元处，股价两个"一字板"以后，天地板的震荡，接下来又有一个天地板的震荡的走势，成交量放巨量，股价几乎以跌停收盘。像这样极端的技术走势，非常值得我们重视。该公司的背后发生了什么故事我们不知道，但是从K线图的这两天的表现中，我们可以推断该股的背后一定发生了什么，当时发生的是好事还是坏事从技术图表上还看不出来，因为要大涨的行情，在大涨之前也会有异动，但是接下来的"自甘堕落"，可以告诉我们是发生了不好的事。实战中遇到这样的有问题的股票，一定要敬而远之。如果一定要做它，也要考虑它越过前期的最高点再视情况考虑做与不做。如果接下来顺理成章的"自甘堕落"，那么我们就自然而然地躲过了这一劫（见图1-37）。

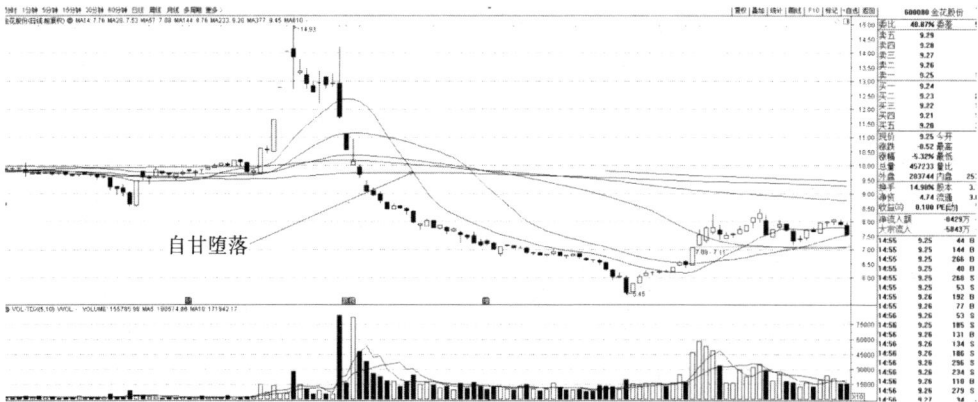

图1-37 出现"自甘堕落"的股票一定是有前兆的

案例2：晨鑫科技（002447）

晨鑫科技（002447）的技术走势粗略上一看，和上面的一个案例几乎相同，都是在走出"自甘堕落"技术形态之前有几天怪异走势，巨量和暴涨暴跌。但是一个是中小板，一个是主板，完全两家不相关的公司，技术走势一样，结果就一模一样？真是同样的配方，同样的味道。再举这样的一个案例，是重点提醒投资者朋友，遇到股价的走势异常怪异的时候而且没有弄清楚是什么原因之前，一定要敬而远之，宁肯少赚也不要去冒险，踏空总比套牢强。踏空一只股票，还有3000多只股票可选，但套牢了就相当麻烦（见图1-38）。

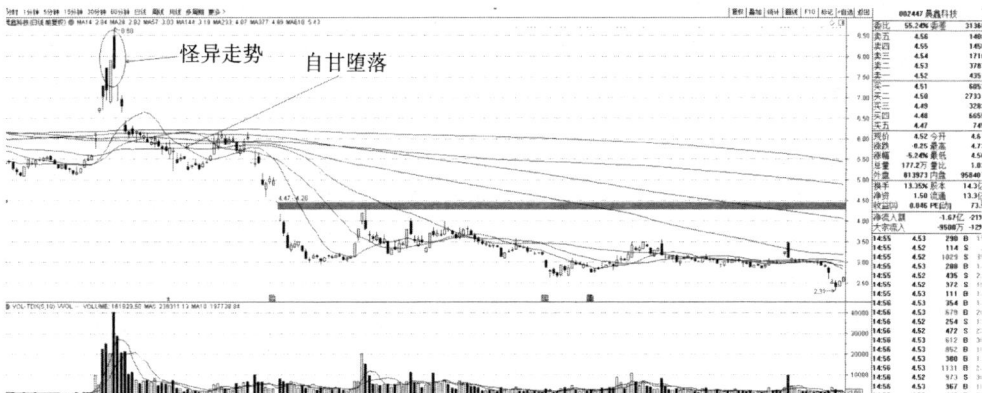

图 1-38　股价出现"自甘堕落"我们一定要清醒远离

案例3：三五互联（300051）

举三五互联（300051）这个案例，该股既不是主板也不是中小板而是创业板，但是走出了相同的"自甘堕落"的技术形态以后，结果都一样是下跌，虽然这个没有那么凶险，但这个是阴跌、长时间的下跌、跌的没完没了，中间任何时候买入，都没有获利和出局的机会。跌幅从最高价37.17元跌到了最低价5.05元，时间从2016年跌到了2019年2月1日。看看这时间之长和跌幅之大，我们除了佩服"自甘堕落"这样的技术形态之外别无选择。

所以实战中，见到了"自甘堕落"这样的技术形态，短时间内这只股票碰也不要碰。因为从股价运行规律上来讲，走出这样"自甘堕落"的技术形态，一定是前期经过了大幅拉升和在相对高位的震荡出货，走到这个位置的时候，甚至主力资金把尾货都出完了，然后主力资金不再护盘，所以才会出现后面的大幅和长时间的下跌（见图1-39）。

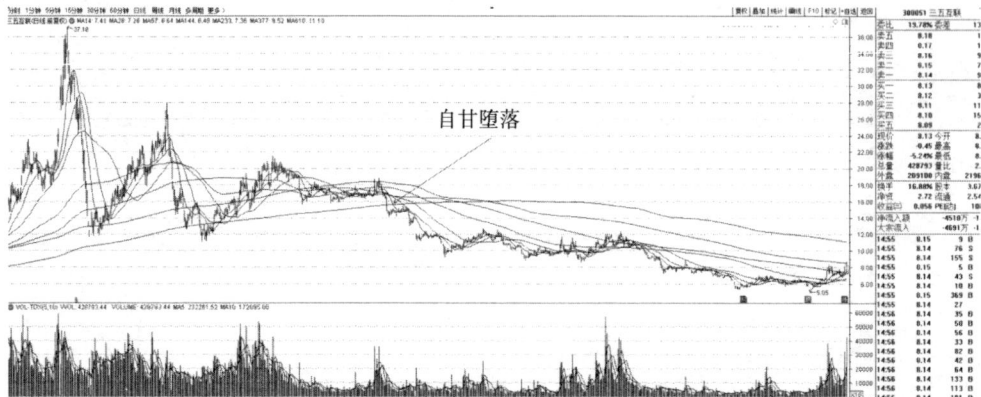

图 1-39　"自甘堕落"出现时，往前看看如果主力出货彻底，后面就会"自暴自弃"

案例 4：哈空调（600202）

哈空调（600202）的这个案例更有点夸张和离谱，自出现"自甘堕落"的技术形态以后，股价竟然从十几元跌到了 2019 年 2 月份的最低价 2.67 元，时间跨度近两年之久，从 2017 年到 2019 年，中间竟然没有一波像样的反弹。对此案例也不多说什么，请读者朋友看看图 1-40，或者有兴趣的话自己打开电脑对着 K 线图把它缩到最小，仔细体味体味股价的运行规律吧。

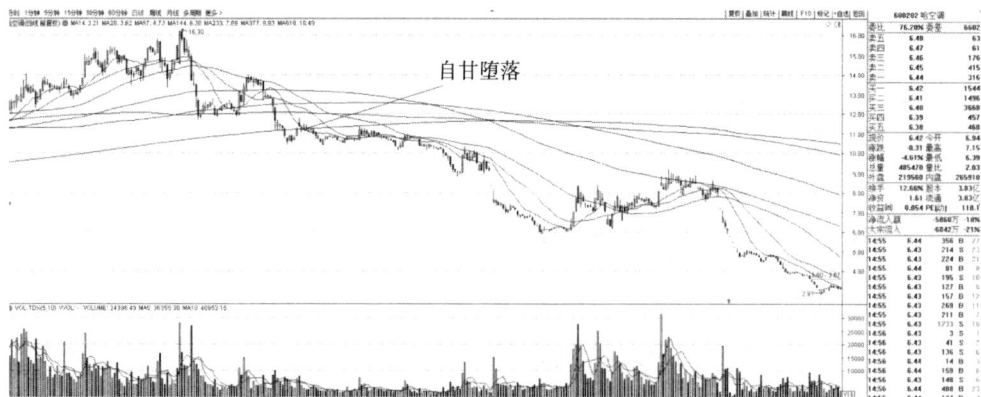

图 1-40　"自甘堕落"后的反抽是最佳的逃命机会

案例 5：欧菲光（002456）

2018 年 9 月 10 日，欧菲光（002456）的 14 日均线下叉最下面的一个均线——610 日均线。这个时候 610 日均线在最下面，那么 610 日均线就是该股的"最强之音"。14 日均线突破这根均线，技术走势上就是"自甘堕落"。"自甘堕落"以后股价堕落到了 2019 年 1 月 16 日 8.33 元的最低处（见图 1-41）。

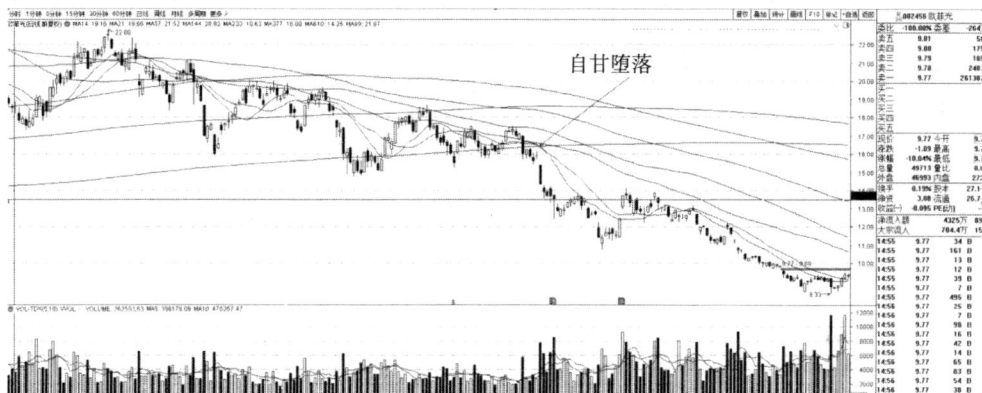

图 1-41 "自甘堕落"的股票就像一江春水向东流

投资哲理小故事

在大自然，有一个神奇的"竹子生长扎根"理论。当毛竹还在笋期的时候，遇到雨就生长，但是等到长成竹时，就三五年不长了。三五年之后，竹子会突然发力，以惊人的速度生长，在夜深人静时人会听到竹子拔节的声音，其成长速度是每天两英尺。

竹子之所以三五年不长，是因为那几年间，它的根部在地下发疯似的疯长。它的根系最长可以铺几千米，在方圆几平方千米的土地上，竹子可以轻而易举地获取自己需要的营养和雨水。所以无论是在山上还是其他地方，我们很少看到竹子有枯死的。

投资感悟

其实，我们每个人在投资的时候，都是一根竹子，我们需要心平气和，需要努力扩展自己的"根系"，来等待突然发力的那一天。而在投资市场，同样需要投资者先"扎根"，后谋求财富。投资者的"扎根"大体上分为先认真模拟，认真用少量钱来实战，取得成功模式和经验后再选择时机入场。这个过程看似烦琐，却是珍惜你的钱，拓展你的"根"的过程，而有了丰富而发达的"根部"之后，再去发力，成功或许伸手可得。

创业者说，隔行如隔山。同样是创业，如果你把投资看成一项事业的话，在购买股票之前，却有八九成的人连股票的交易过程是什么都未曾来得及搞清楚，懵懂之中就杀了进来。而真正在投资之前，搞过一年以上的模拟操作的投资者，更是少之又少。而在模拟之后，投入个三千两千积累操作经验的实战训练者，更是寥寥无几。这年头，连爱情都成了快餐，成功都成了方便面，谁还有那心思、那精力、那耐心去搞什么傻乎乎的模拟盘？市场中还有另外一种投资者，每当出现一种新鲜事物，比如权证，比如 ETF，他们总是不忙着去介入，而是严肃地在论坛上进行一个时期的模拟，在取得了交易经验之后才进入投资。前者在实战中亏损累累碰了一鼻子灰，而后者往往拿着前者的经验杀进去功成名就。

没有人看见成功者背后的汗水和付出，看到的往往是成功者怀里的鲜花、财富和掌声。我们不断渴望自己就是一粒幸运的春天的种子，浅浅地撒在土壤里，立即迎来和风细雨，在阳光雨露的沐浴下，一夜之间成长为参天大树。可惜的是，穷人的梦想最容易破灭，种子只有几粒，撒播得又浅，一阵意想不到的风刮过来，一只流浪的饥饿的老鼠，就很容易把这样没有根系的财富梦想给破灭了。

投资哲理小幽默

老奶奶带孙子在海边，一个大浪把孙子卷走。老人正呼天抢地，又一个大浪把孙子卷回来了。该逃离该庆幸吧？可老奶奶对海并不满意："我们来的时候还有一顶帽子呢。"又一个大浪，两人都被卷走！

这就是股市为什么会赔钱的原因！

投资感悟

长年累月做投资，每位投资者朋友都会遇到意想不到的黑天鹅式的出乎意料。很简单，止损就是了，没有必要纠结，是个人都会犯错，犯错的时候勇于承认错误就是，没有必要沙窝掏井——越掏（套）越深。

说到股市里的笑话，我举个例子，2019 年 4 月 2 日，一汽夏利（000927）出了一则公告，原文如下：

一汽夏利：股票交易异常波动停牌核查的公告（2019/04/02）

公告日期：2019-04-02

证券代码：000927

证券简称：一汽夏利

公告编号：2019-临018

天津一汽夏利汽车股份有限公司

股票交易异常波动停牌核查的公告

本公司及董事会全体成员保证信息披露的内容真实、准确、完整，没有虚假记载、误导性陈述或重大遗漏。鉴于天津一汽夏利汽车股份有限公司（以下简称"公司"）股票"一汽夏利"（股票代码"000927"）于2019年3月28日、3月29日、4月1日连续三个交易日内日收盘价格涨幅偏离值累计达到20%，按照《深圳证券交易所交易规则》的有关规定，属于股票异常波动情况。

为保护投资者权益，公司将尽快就有关事项进行核查并向控股股东书面问询。经公司申请，公司股票于2019年4月2日上午开市起停牌，公司预计于4月4日前核查结束并披露相关公告后复牌。

公司将尽快自查并向公司控股股东书面问询，并及时披露相关事项进展情况。

请广大投资者理性投资，注意风险。

特此公告。

天津一汽夏利汽车股份有限公司董事会

2019年4月2日

出这个公告的原因是股价走出两三个涨停板，当时不懂大盘环境可以以疯涨来形容，盘中个股连拉十个八个涨停板、三个五个涨停板的股票多的是，而且有几只股票和这个情况一模一样，只是出了个股价波动异常、公司并无重大事情发生、请投资者注意风险之类的风险提示公告，然后不停牌，股价开盘直接"一字板"的等（见图1-42）。

而这家奇葩公司竟然自己申请停牌，其中我说两点：

（1）公告说"为了保护投资者权益"。我想说的是，就涨了三天涨停就赶紧停牌不让涨？是为了保护投资者权益？那请问在没有做空机制的当前哪个投资者怕涨？当时大盘环境逼空式上涨，你停牌，你不让涨可以啊，我们去买别的股票，毕竟这种大盘环境不好遇，那你停牌我们的资金拿不出来怎么交易？

（2）公告说"请广大投资者理性投资，注意风险"。我想说的是，你停牌不交易，买买不进、卖卖不出，我们怎么注意风险？

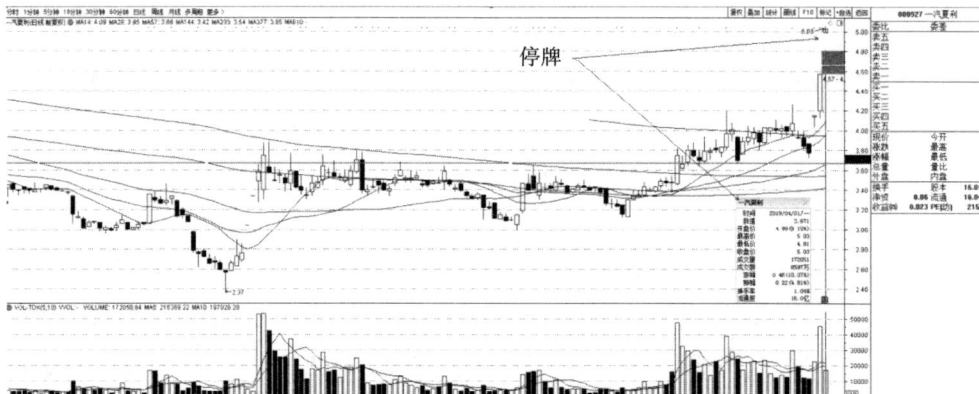

图1-42 一汽夏利因股票交易异常波动停牌核查

简直就是笑话十足，洋相百出！

面对类似这类的公告，投资者朋友不是让你们给弄得神魂颠倒、找不着北？

再说一下财务报告，我也基本不看，为什么？我再讲一个一加一等于几的笑话：

某老板公开招聘财务总监一名，马上就有很多大学生应试。经过层层筛选，剩下4位各方面都很优秀。老板决定亲自面试，出了一道考题：1加1等于几？

第一位说："等于1。因为军民团结如一人，我如果能加入公司，要和公司打成一个整体。所以还等于一。"

老板微笑。

第二位说："等于2。因为，做财务需要的就是严谨，1加1等于2是小孩子都知道的，马虎不得。"

老板微笑点了点头。

第三位说："等于3。从社会学上讲，婚姻一夫一妻组成，又实行一胎化政策，所以1加1等于3。"

老板说："那如果是双胞胎呢？"

最后一位站起来凑近老板耳旁小声说："老板，你想让它等于几？我就给你等于几。"

老板听后哈哈大笑，站起来说："公司财务总监非你莫属！"

混迹股市，你知道你的老板是谁吗？你知道你的老板想让1加1等于几吗？其实，每只股票里的庄家就是老板，老板想让这只股票涨还是跌的意图你一定要揣摩明白，他不会亲口告诉你，但是你可以从均线、成交量、K线的形态去琢磨。就像笑话中第四位那样，他也知道1加1想等于几就等于几是不被好多东西允许的，但是，公司里还是老板最大，老板想做的事情你迎合了，你就会一路高升。他知道老板招聘财务总监的需要就是：1加1想等于几就等于几。

虽然这是一个笑话，一笑而过，切莫当真，但是我们有多少家捣糨糊公司的财务报告是根据需要做出来的而不是实事求是的报告呢？

国外的安然公司？

国内的蓝田股份，该公司为我国证券市场上首个造假"屡犯"。以蓝田股份为核心的"大蓝田"非但套牢银行贷款十几亿元，而且二级市场上流通市值"蒸发"超过25亿元，商业银行和中小投资者成为蓝田案的最大受害者。

银广夏，该公司全称为：广夏（银川）实业股份有限公司，现证券名称为：西部创业（000557）。1994年6月上市的银广夏，曾因其骄人的业绩和诱人的前景而被称为"中国第一蓝筹股"。2001年8月，《财经》杂志发表《银广夏陷阱》一文，银广夏虚构财务报表事件被曝光。专家意见认为，天津广夏出口德国诚信贸易公司的为"不可能的产量、不可能的价格、不可能的产品"。以天津广夏萃取设备的产能，即使通宵达旦运作，也生产不出所宣称的数量；天津广夏萃取产品出口价格高到近乎荒谬；对德出口合同中的某些产品，根本不能用二氧化碳超临界萃取设备提取。

郑百文，该公司从1996年起着手建立全国性的营销网络，在没有一份可行性论证的情况下，大规模投入资金上亿元，建起了40多个分公司，最后把1998年的配股资金1.26亿元也提前花完。……公司规定，凡完成销售额1亿元者，可享受集团公司副总待遇，自行购进小汽车一部。仅仅一年间，郑百文的销售额便从20亿元一路飙升到70多亿元；与此同时，仅购置交通工具的费用就高达1000多万元。为完成指标，各分公司不惜采用购销价格倒挂的办法，商品大量高进低出，形成恶性循环。郑州百文股份有限公司1999年以来濒临关门歇业，有效资产不足6亿元，而亏损超过15亿元，拖欠银行债务高达25亿元。

红光事件，成都红光实业股份有限公司欺诈上市事件。红光实业于1997年6月6日靠行骗上市，上市后继续行骗：一是编造虚假利润，骗取上市资格；二是少报亏损，欺骗投资者；三是隐瞒重大事项；四是擅自改变募集资金投向而不予披露。对此，中国证监会对原董事长、原总经理、原财务部副部长和红光公司等，以及与此有关的会计师事务所、律师事务所、资产评估师事务所以及上市推荐人等中介机构及责任人员均进行了处罚，红光事件的主要负责人被移交司法机关处理。

欣泰电气（300372），2016 年 7 月，因欺诈发行及信息披露违法，欣泰电气被中国证监会予以处罚。欣泰电气原董事长暨实际控制人温德乙也被中国证监会给予警告，并处以 892 万元罚款，并采取终身证券市场禁入措施。

……

诚然，这只是少数又少数的害群之马，随着我们证券市场的越来越成熟，监管越来越严格，这种不法事件会越来越少。

回头再说技术分析。对于这个"自甘堕落"的技术形态，如果你认为主力做的这个技术形态是让你买，你买错了要陪着主力一起"自甘堕落"地怀沙自沉，你愿意吗？

连均线和 K 线合在一起都"自甘堕落"的股票，我们就不要再去参与了！这种股票经历过大幅的主升浪"天女散花"和出货彻底的反复拉升做头形成的"魔鬼缠身"，一时半会儿不会再有行情，接下来的走势就是漫漫无期的"暗无天日"。

自甘堕落的人不值得别人可怜，"自甘堕落"的股不值得我们去买。

股市谚语：七赔二平一赚钱，五穷六绝七翻身。

九、小 试 牛 刀

小试：稍微用一下，初步显一下身手的意思。牛刀：宰牛的刀。"小试牛刀"，比喻有大本领的人，先在小事情上略展才能。也比喻有能力的人刚开始工作就表现出彩。出自宋·苏轼《送欧阳主簿赴官韦城》："读遍牙签三万轴，欲来小邑试牛刀。"我们把它引用到股市是指股价经过"蓄势待发"主力资金收集以后，先小做一波行情试试盘面。具体表现就是：股价经过长期的"暗无天日"以后，在主力资金偷偷地收集筹码中股价不再创新低，14 日均线慢慢走平，在慢慢上穿

21 日均线之时，股价也拉出量价齐升的大阳线，预示着一波行情的开始。我们
把 14 日均线上穿 21 日均线的结点称为"小试牛刀"。

案例 1：韶钢松山（000717）

2019 年 1 月 18 日，韶钢松山（000717）在经过一波大幅下跌以后，14 日均
线上穿 21 日均线，股价当天收阳，但是受到 57 日均线的压制留下了一点上影
线，技术上有回调要求，接下来的回调很有节制，就是在 14 日均线附近，然后
顺着 14 日均线开启了一波"小试牛刀"的行情（见图 1-43）。

图 1-43　"小试牛刀"的股票不会大涨

案例 2：国恩股份（002768）

2019 年 2 月 1 日，国恩股份（002768）的 14 日均线上穿 21 日均线，技术
形态上形成"小试牛刀"。我们往前看一下，股价近期的走势下跌幅度不小，从
30.48 元经历了 22 个交易日，就跌到了最低价 19.50 元，然后就不再创新低。看
来这一波"小试牛刀"应该是大跌之后的小幅反弹，真正的主行情应该在后面。
果然这一波行情拉到了最上面的一根均线，碰到了"最强之音"之后就开始了整
理（见图 1-44）。

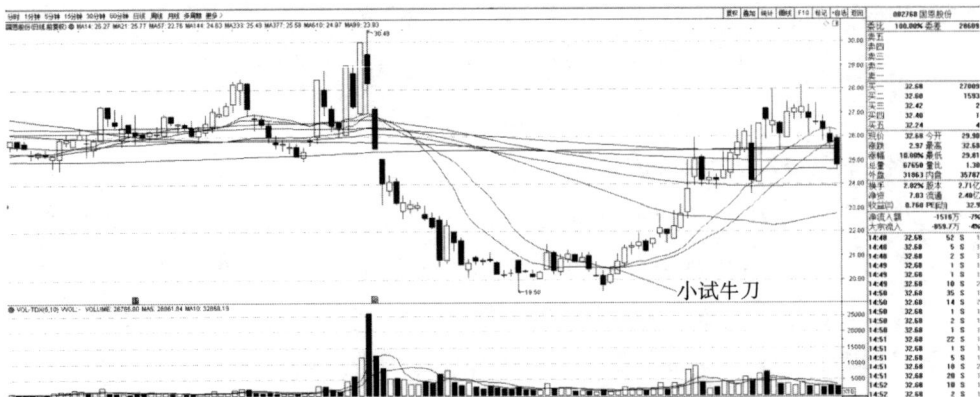

图 1-44 "小试牛刀"的股票我们基本不参与，用来判断股价的走势用

案例 3：雏鹰农牧（002477）①

经过 5 个"一字跌停板"下跌后的雏鹰农牧（002477），还嫌不过瘾，又来了一波下跌，把股价打到最低价的 1.37 元后，股价不再创新低，14 日均线开始走平并上翘。2018 年 10 月 9 日，14 日均线上穿 21 日均线，股价走势形成"小试牛刀"的走势。在这前一天，股价已经以涨停板报收。看来这个主力的性子比较急，操盘手法也比较凌厉，而且该股还有涨停板基因，跌的时候就是一连串的跌停板，小试一下牛刀就来了两个涨停，看来后面得盯住这只股票（见图 1-45）。

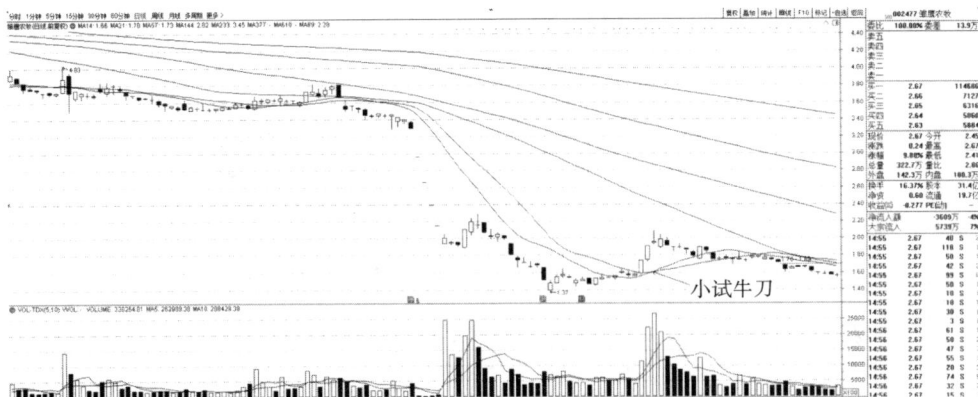

图 1-45 "小试牛刀"如果不行，主力会重新来过，我们需要耐心等待新的信号出现

---

① 雏鹰农牧（002477）目前已经退市。

案例4：星湖科技（600866）

2018年7月10日，走出一个小型双重底的星湖科技（600866）技术形态上形成了一个"小试牛刀"的技术走势，股价也很给力，以涨停板报收，而且一阳穿两线，复合形态当然比单一形态更加可靠（见图1-46）。

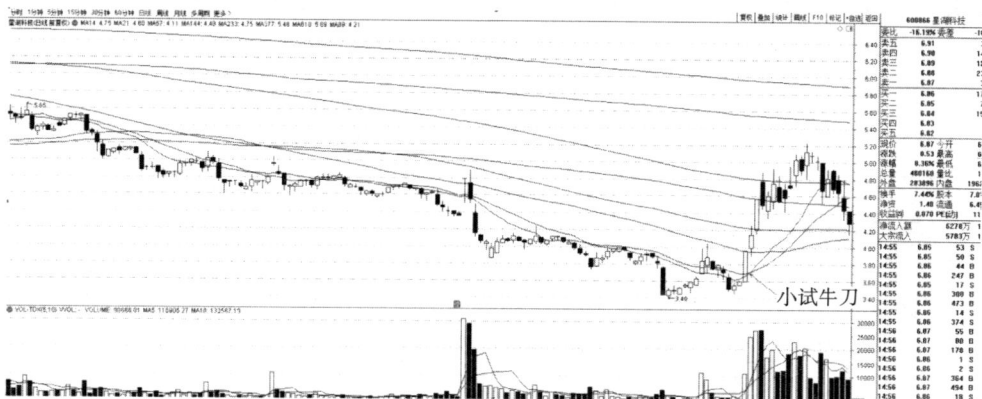

图1-46 这个"小试牛刀"就很猛，后面的行情更是可期

案例5：首航节能（002665）

2019年2月22日，首航节能（002665）的14日均线上穿21日均线，技术形态上属于"小试牛刀"。2019年初的时候大盘环境很好，因为国家要在上海设立科创板，受这个刺激，一波波行情一个个板块拔地而起。但是这个首航节能也真的挺能耐住寂寞，一直到2019年的2月22日才"小试牛刀"，看来属于起步比较晚的股票，但是不管早晚只要涨的股票，我们都认为是好股票（见图1-47）。

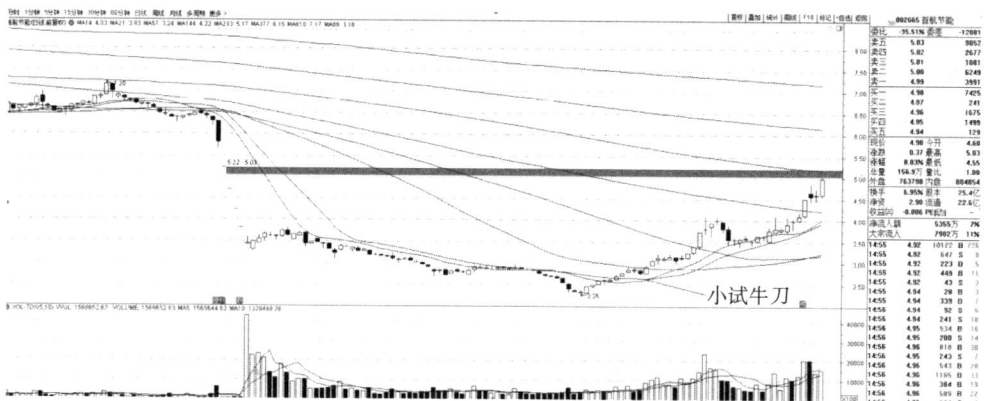

图1-47 主力"小试牛刀"后，就要大显身手了

投资哲理小幽默

心门

洞房花烛夜，当新郎兴奋地揭开新娘盖头，羞答答的新娘正低头看着地上，忽然间掩口而笑，并以手指地："看，看，看老鼠在吃你家的大米。"

第二天早上，新郎还在酣睡，新娘起床看到老鼠在吃大米，一声怒喝："该死的老鼠！敢偷吃我家大米！""嗖"一只鞋飞过去，新郎惊醒，不禁莞尔一笑。

投资感悟

股价运行至此，已经出了"蓄势待发"门，走向到"天女散花"的门的路上。这时后面的低都是可以低吸的，前提是涨的时候幅度不要太大、相对高位不要放出太大的量。也就是说，回调下来只要不破前面的低，只管大胆低吸！一般情况下，14日均线就是最好的低吸点位，强势一点的股票5日均线是低吸点位。

投资哲理小故事

从前，有四个盲人很想知道大象是什么样子，可他们看不见，只好用手摸。胖盲人先摸到了大象的牙齿。他就说："我知道了，大象就像一个又大、又粗、又光滑的大萝卜。"高个子盲人摸到的是大象的耳朵。"不对，不对，大象明明是一把大蒲扇嘛！"他大叫起来。"你们净瞎说，大象只是根大柱子。"原来矮个子盲人摸到了大象的腿。而那位年老的盲人呢，却嘟囔："唉，大象哪有那么大，它只不过是一根草绳。"原来他摸到的是大象的尾巴。四个盲人争吵不休，都说自己摸到的才是大象真正的样子。

而实际上呢？他们一个也没说对。后以"盲人摸象"比喻看问题以偏概全。寓意是不能只看到事物的一部分，而应看全局，那样才能全面和真实地了解事物的情况。

人们在评论一个人、一部电视剧或一种社会现象，往往因为只看到局部而下结论，便造成了片面性。要避免这种现象，唯一的办法是多观察，多了解，不要轻易下结论。

投资感悟

我们做投资的时候进行股票分析，其实就是像一股市警察破案一样通过均线的方向、K线的多空转换、成交量的大小、盘口的一些特殊语言、基本面的好坏、利好利空消息的发布和技术走势的配合、板块热点的形成、大盘环境是做多还是做空、政策的导向……来分析主力资金的动向，但是不管我们再努力、再权威、再觉得全面……最终每个人都要承认自己的分析结果就像"盲人摸象"的结果一样片面、一样冰山一角，这不是谦虚，而是事实！只有有了这样的认识，在操作中才会给自己留退路，才会承认自己的渺小，才会进步，才不会孤注一掷，才不会以偏概全，才会在股价的走势出现和自己预期不一致时立马采取备用方案，不死扛。

周围有很多人经常说，我也很努力啊，每天复盘啊什么的。可是你问他怎么复的，他说，3000多只股票，看不过来，我就用智能软件把关键的搜出来看看。针对这样的情况，我也只能说呵呵了。你不一个一个认真地看看，你怎么会有盘感？你怎么会知道板块热点？你怎么会知道大盘是由哪些股带动的？我们不仅要认真地一个一个看看，而且对挑出来的要做的股票，我们还要一根一根K线地研究主力资金的意图，这样你才会知道主力做这根K线的目的，形态出来后你才能够分辨出真假，才会知道哪些行情是必涨不可的，哪些行情是可涨可不涨随大盘或是随主力心情的。很多人入市后信誓旦旦地立下目标，我要如何如何，可是晚上复盘一会儿就困得睁不开眼。他这不叫喜欢股票，那是喜欢股票的波动带来的暴利！但是偏偏这样主次颠倒就不行，你一定要发自内心地喜欢股票，你才能把它做好，做好以后才能有暴利！朝思暮想、做梦都想、时刻都想，而且一想起就热血沸腾，那才叫目标！经历过冷嘲热讽、人情冷漠、三番四次的跌倒打击、几乎绝望的境地且还咬牙前行，那才叫信念！经历过半夜抱头痛哭、经历过内心的孤寂与寒冷而依然坚定初衷，那才叫坚强！面对疑惑而毫不动心、面对打击而面不改色，纵然困难重重也微笑前进，那才叫淡定！

必须有这样的目标、信念、坚强才会历练出宠辱不惊的淡定！

用力生钱叫挣钱！

用钱生钱叫赚钱！

股票做好了，就是让人闲着、让钱奔跑的一种智慧。

股市谚语：没有做错的市场，只有看错的市场。

十、形势不妙

"形势不妙"从字面意思就容易理解为不怎么理想，但是只是不好的开始。我们把它引用到股市是指股价经过"天女散花"的大幅主升浪拉升以后，股价首次下跌。具体表现就是：14日均线在股价的下带下下穿21日均线，预示着一波调整（前期拉升幅度不大）或下跌（前期拉升幅度大、相对高位有明显的放量）行情的开始。

案例1：超图软件（300036）

2018年9月14日，在高位震荡横行的超图软件（300036），14日均线悄悄地下穿了21日均线，而接下来的股价也并没有大幅的下跌。但是就是从这一个细节上看，我们就已经感觉到了"形势不妙"，接下来只要14日均线不再回头上穿21日均线，形成"搭弓射箭"继续它的上涨行情，那么它就要大幅下跌了（见图1-48）。

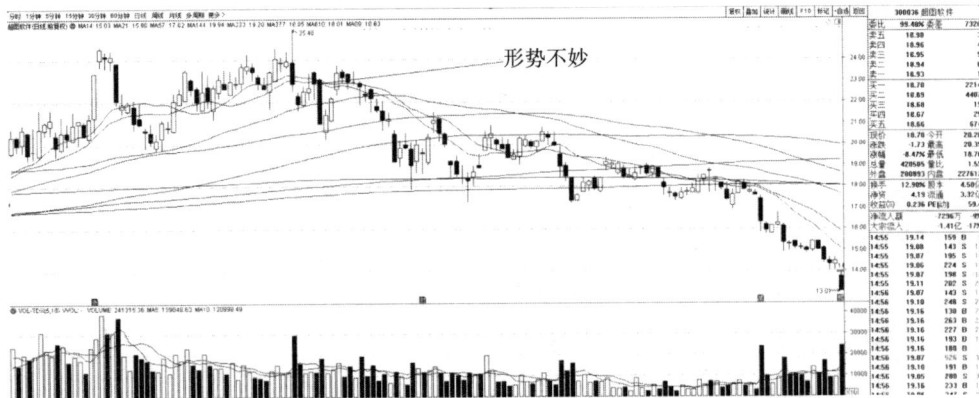

图1-48 "形势不妙"的形态不明显，实战中我们一定要细心观察

案例2：恒铭达（002947）

2019年3月18日，恒铭达（002947）的股价走势出现了"形势不妙"的技

术形态。其实一般出现这样"形势不妙"的技术形态的股票，并不会立马大幅下跌，只是有一丝丝隐患，因为这个时候的主力还要出货需求，所以还会把股价维持在一个相对比较高的位置，股价的暴跌一般出现在主力出完货以后（见图1-49）。

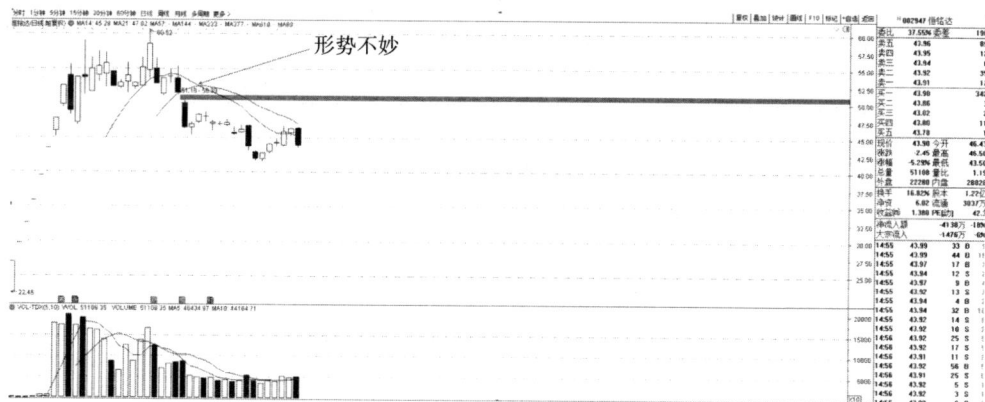

图1-49 细节决定成败用在"形势不妙"的技术形态恰如其分

案例3：完美世界（002624）

2018年6月1日，在高位盘整了很久的完美世界（002624），终于让我们感觉到了"形势不妙"，14日均线向下穿越了21日均线，但是它当天的K线走势也太夸张，直接以跌停板报收。其实昨天的K线已露端倪，留下了长长的下影线，这个长长的下影线就是庄家派发以后尾盘又把股价拉上去留下的派发痕迹。细心的投资者应该能发现什么，这个"形势不妙"的技术走势，就是股价大幅跌的临界点，因为主力在上面横盘已经很久很久了（见图1-50）。

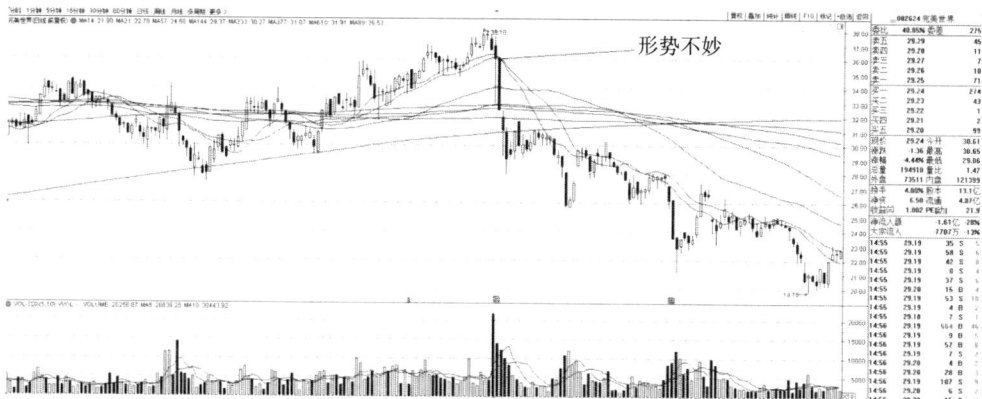

图1-50 这个"形势不妙"出现以后股价是真的不妙

案例 4：长城军工（601606）

2018 年 9 月 25 日，长城军工（601606）的 14 日均线向下穿越 21 日均线，技术走势上形成"形势不妙"。在这之前我们可以从 K 线图上看出，股价已经在高位放量滞涨，这就是主力资金出货的明显特征，等出完货以后走出这样的"形势不妙"技术形态，理所当然，接下来的股价下跌就是必然（见图 1-51）。

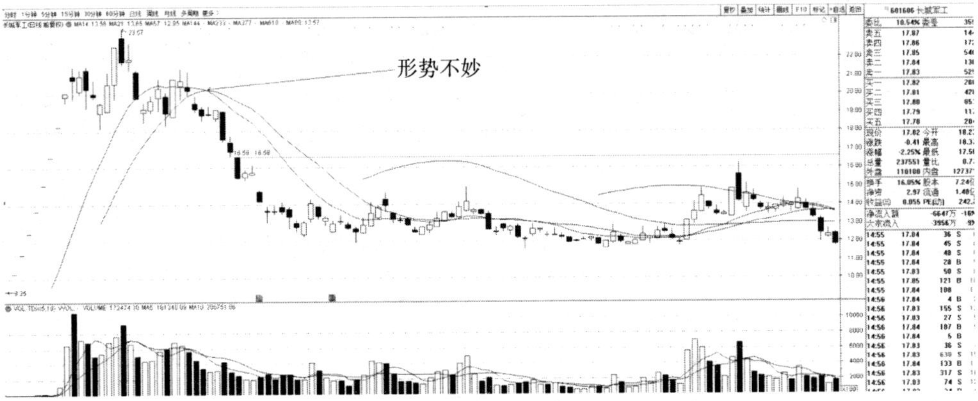

图 1-51　这个"形势不妙"是此次新股，容易判断

案例 5：ST 东网（002175）

2019 年 4 月 29 日，停牌了几天的 ST 东网（002175）复牌被戴上了 ST 的帽子，开始了连续跌停的惨案。在这之前的不久，该股曾经有过连拉 9 个涨停板的最后疯狂，当时就是被 ST 之前的回光返照。2009 年 4 月 2 日，股价继这一波疯狂之后，有了一个小幅的反抽，但是很遗憾，股价没有冲破 14 日均线的压制而运行到 14 日均线上面去；相反，14 日均线反而还下穿了 21 日均线，股价形成"形势不妙"的技术走势。如果把我们这套股市脸谱操作系统烂熟于心的话，该股被 ST 以及被 ST 后的连续跌停，都是有预兆的，是伤害不了我们的（见图 1-52）。

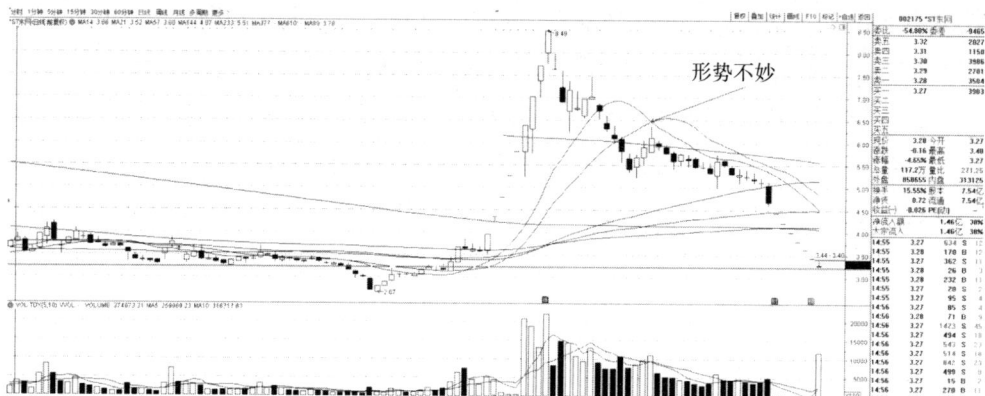

图 1-52　不管是主板还是 ST，技术形态的市场含义是一样的

投资哲理小故事

扁鹊三兄弟

根据典记，魏文王曾求教于名医扁鹊："你们家兄弟三人，都精于医术，谁是医术最好的呢？"扁鹊："大哥最好，二哥差些，我是三人中最差的一个。"魏王不解地说："请你介绍得详细些。"

扁鹊解释说："大哥治病，是在病情发作之前，那时候病人自己还不觉得有病，但大哥就下药铲除了病根，使他的医术难以被人认可，所以没有名气，只是在我们家中被推崇备至。我的二哥治病，是在病初起之时，症状尚不十分明显，病人也没有觉得痛苦，二哥就能药到病除，使乡里人都认为二哥只是治小病很灵。我治病，都是在病情十分严重之时，病人痛苦万分，病人家属心急如焚。此时，他们看到我在经脉上穿刺，用针放血，或在患处敷以毒药以毒攻毒，或动大手术直指病灶，使重症病人病情得到缓解或很快治愈，所以我名闻天下。"魏王大悟。

投资感悟

事后控制不如事中控制，事中控制不如事前控制。可惜大多数的投资者均未能体会到这一点，等看到股价涨起来了，才看出端倪。你是否想过：参天大树必有其根，环山之水必有其源？否则，等到股价跌了，才想起来涨的时候没有卖，等到跌的连割肉都没有勇气了，才会想还不如刚刚开始跌的时候就卖掉。平时有没有静下心来如扁鹊大哥在病情发作之前下药那样，去仔细分析股价的走势，在行情开始之初或者是下跌之初就采取该采取的措施呢？

职业的作手都是在经过周密的分析后，再经过几次试仓，然后在股价暗流涌动、大单攻击、全力拉升的时候精准一击买入；一般的投资者都是追涨，看到股价涨起来以后开始买进，也有投资者是在涨得实在是忍无可忍的时候买进。当然了，这基本也就是接近尾声了，也就是这部分人接最后一棒。

投资哲理小幽默

名句改编侃股市

天天增长的，除了年龄，还有股龄；

沉醉于股票指南的最大好处是：找不着北；

英雄一笑为红颜，股民一笑为赚钱；

大股东犹如大烧饼，小股民恰似饼上的芝麻粒；

天生我材必有用，买股买到神经痛；

牛市几时有，自己抬头瞅；

股市有变一声吼，该出手时就出手；

天高任鸟飞，股市凭人炒；

股市的最大悲哀是——股还在，票却不在了；

山外青山楼外楼，低迷股市何时休？

对牛弹琴不叫本事，对熊买股才叫能耐；

股票不是蒙娜丽莎，不会对每个股民都面带微笑。

投资感悟

三千多只股票，行情好的时候，基本上都上涨。我们不可能都买，只能精选再精选，选好的板块，再从好的板块里面选出股性活跃的，最好是领头羊。给猴子一根香蕉和一根金条，猴子会选择香蕉，因为它不知道金条可以买来千千万万根香蕉；同样，给一个人一根金条和智慧，大多数人会选择金条，因为他不知道智慧可以换来千千万万的金条。所以，有的时候选择比努力更重要。

巴菲特说过：让钱闲着是一种浪费！让钱奔跑是一种智慧！

穷人让钱闲着，让人忙着！

富人让钱忙着，让人闲着！

股市谚语：官场上用权说话，股市中用钱说话。

十一、搭弓射箭

"搭弓射箭"这个技术形态是 K 线和均线的一个组合。与其说是一个技术形态不如说是一种技术走势更为恰切。就是说股价运行在"天女散花"的过程中时，有的会一直沿着 14 日均线一直前进，有的会回调一下再继续拉升，这个回调有的强、有的弱，有的回调的幅度大，有的回调的幅度小。

实战中怎么区分和具体操作呢？我们已经把它们用均线系统来具体划分了，从强到弱是这样来排列的："回心转意""悬崖勒马""知错就改""浪子回头""迷途知返""痛改前非""东山再起""弃旧图新""洗心革面"。

股价在形成这一个个的技术走势的时候，先是股价下破 14 日均线，然后是 14 日均线下穿下边的 28 日均线（落下帷幕）、57 日均线（不求上进）、89 日均线（执迷不悟）、144 日均线（去意已决）、233 日均线（年已过完）、377 日均线（曲终人散）、610 日均线（穷途末路）。形成这样的回调形态以后，我们就会在前面的单根 K 线上减仓、股价下五日均线减半仓、股价下 14 日均线清仓，然后就等着再次买入。这个时候 14 日下穿下面的均线以后，和这根均线形成一个死叉，而这时一根数值大的均线（28 日均线、57 日均线、89 日均线、144 日均线、233 日均线、377 日均线、610 日均线）如果是水平（走势向下了就不再关注了）或者向上运行的状态，14 日均线就会以这根均线为直径画圆形或弧形，当圆形或弧形画到一半的时候，股价缩量止跌开始反转并站上 14 日均线出现："万丈高楼平地起的"的技术形态。这个时候股价上攻的高度一般就是上边这根均线（28 日均线、57 日均线、89 日均线、144 日均线、233 日均线、377 日均线、610 日均线）。摸着这根均线以后，股价又开始缩量回调，回调的低点一般就是在 14 日均线附近止跌，因为股价是缩量的，所以下面的 14 日均线在不断向上并上穿上面一根均线（28 日均线的结点为"知错就改"、57 日均线的结点为"浪子回头"、89 日均线的结点为"迷途知返"、144 日均线的结点为"痛改前非"、233 日均线的结点为"东山再起"、377 日均线的结点为"弃旧图新"、610 日均线的结点为"洗心革面"）。接下来的股价就是回调完毕又重新回到"天女散花"的主升浪中去。我们就把这个 14 日均线下穿下面一根均线再上穿的这个过程比作是一张弓，把"万丈高楼平地起"这一波上涨的股价比作是一支箭，它们的组合称为"搭弓射箭"。这样是不是既形象又便于理解，而且又把主力洗盘的强弱度用均线系统把握得恰如其分？不再云里雾里的盲人摸象。

我们在实战中会经常遇到这些"搭弓射箭"，最佳的买点就是"弓"的右边金叉处的 14 日均线附近，阴线低吸、阳线追涨并加仓。

14 日均线和 28 日均线"搭弓射箭"就是"落下帷幕"后的"知错就改"；

14 日均线和 57 日均线"搭弓射箭"就是"不求上进"后的"浪子回头"；

14 日均线和 89 日均线"搭弓射箭"就是"执迷不悟"后的"迷途知返"；

14 日均线和 144 日均线"搭弓射箭"就是"去意已决"后的"痛改前非"；

14 日均线和 233 日均线"搭弓射箭"就是"年已过完"后的"东山再起"；

14 日均线和 377 日均线"搭弓射箭"就是"曲终人散"后的"弃旧图新"；

14 日均线和 610 日均线"搭弓射箭"就是"穷途末路"后的"洗心革面"。

这中间的"搭弓射箭"能不能成功、"落下帷幕"后能不能"知错就改"，里面的一个关键指标首先要看主均线 28 日均线的走势是上行或者是平行，若下行肯定不会成功！其次再看前面的一波拉升幅度大不大、相对高处有没有放量出货等细节。

"不求上进"后能不能"浪子回头"，里面的一个关键指标首先要看主均线 57 日均线的走势是上行或者是平行，若下行肯定不会成功！其次再看前面的一波拉升幅度大不大、相对高处有没有放量出货等细节。

"执迷不悟"后能不能"迷途知返"，里面的一个关键指标首先要看主均线 89 日均线的走势是上行或者是平行，若下行肯定不会成功！其次再看前面的一波拉升幅度大不大、相对高处有没有放量出货等细节。

"去意已决"后能不能"痛改前非"，里面的一个关键指标首先要看主均线 144 日均线的走势是上行或者是平行，若下行肯定不会成功！其次再看前面的一波拉升幅度大不大、相对高处有没有放量出货等细节。

"年已过完"后能不能"东山再起",里面的一个关键指标首先要看主均线233日均线的走势是上行或者是平行,若下行肯定不会成功!其次再看前面的一波拉升幅度大不大、相对高处有没有放量出货等细节。

"曲终人散"后能不能"弃旧图新",里面的一个关键指标首先要看主均线377日均线的走势是上行或者是平行,若下行肯定不会成功!其次再看前面的一波拉升幅度大不大、相对高处有没有放量出货等细节。

"穷途末路"后能不能"洗面革面",里面的一个关键指标首先要看主均线610日均线的走势是上行或者是平行,若下行肯定不会成功!其次再看前面的一波拉升幅度大不大、相对高处有没有放量出货等细节。

我们的这套《股市脸谱》实战操作系统一共有8根均线,有些读者朋友说看起来太多挺复杂,实际上一点也不多也不复杂。我们的操盘灵魂线就是14日均线。我们持有的股票永远是在14日均线上面;股价下来以后我们就看它的具体走势和14日均线再和哪根均线发生关系,我们就只盯住这两根均线,其他的6根均线都是用来判断股价走势用的,判断完以后在我们眼中就是可有可无的了。也就是说,只用盯住14日均线以及和14日均线发生"搭弓射箭"的那一根均线就可以了。举个例子,我们三个人结伴去外滩游玩,人山人海,可是我们眼里只有美景(市场行情)和其他两个同伴(14日均线和与14日均线发生关系的另外一根均线),其他的人再多但在我们眼里是可有可无的,不是我们所关心的。就像景岗山的代表作品《我的眼里只有你》这首歌里的经典歌词:我的眼里只有你!

案例1:华林证券(002945)

2019年4月29日,华林证券(002945)的14日均线下穿57日均线,经过一波猛烈的下跌之后,股价在5月7日止跌了,然后展开了一小波上攻,受到14日均线的压制以后,又开始下跌,又跌到5月7日的止跌处时,股价再次止跌,技术形态上打出了一个小双底。2019年5月27日,一个量价齐升的阳线自14日均线之下开盘,收盘时稳稳地站在了14均线之上,"万丈高楼平地起"的技术形态成立。这个"万丈高楼平地起"的技术形态原本是指股价见底的信号,但是在这里就是洗盘结束的信号。2019年6月23日,14日均线上穿57日均线,股价在前期高点附近打出了一个"一箭双雕",在14日均线处止跌,然后开始一波连拉涨停板的走势。

这一波上涨的核心，用均线系统来把握的话，就是14日均线下穿57日均线，又上穿57日均线的这个过程，在技术图表上来看，就像一张完美的弓，那么K线这个时候就等于射出去的箭，所以我们就把这个技术形态称作"搭弓射箭"。这个案例中的"搭弓射箭"是14日均线和57日均线的"搭弓射箭"（见图1-53）。

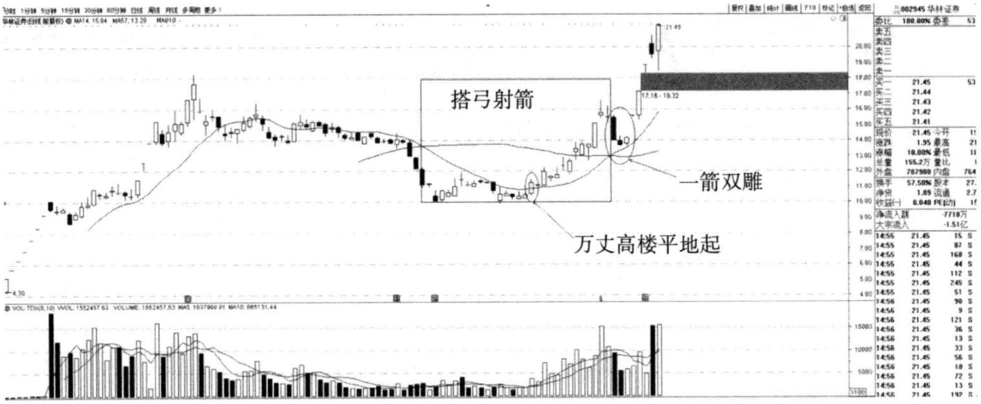

图1-53　"搭弓射箭"就像我们古老的象形文字一样，看上去意思就很明显

案例2：中金黄金（600489）

2019年4月25日，中金黄金（600489）的14日均线下穿89日均线，经过一波下跌之后，股价在233日均线附近止跌了，然后展开了一小波上攻，受到14日均线、89日均线的压制以后，又开始下跌，又跌到233日均线处时，股价再次止跌，技术形态上打出了一个小双底。2019年5月31日，一个量价齐升的"万丈高楼平地起"出现14日均线上穿57日均线，股价在前期高点附近打出了一个"一箭双雕"，在14日均线处止跌，然后开始一波暴风骤雨的上攻走势。

这一波上涨的"搭弓射箭"是14日均线和89日均线的"搭弓射箭"（见图1-54）。

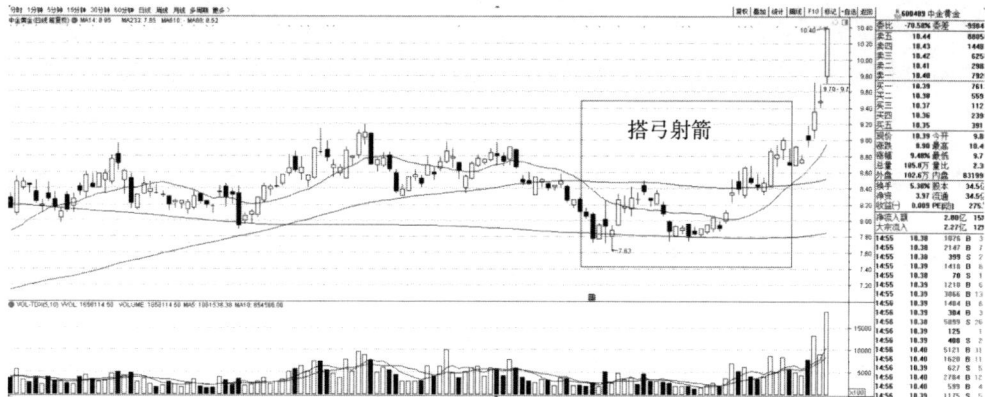

图1-54 很多时候"搭弓射箭"就是主升浪的起点

案例3：宏大爆破（002683）

2018年12月25日，宏大爆破（002683）14日均线下穿233日均线，然后在233日均线水平运行的状态下，14日均线围绕着233日均线下画了一个半圆弧形，股价则围绕着14日均线跳起了"恰恰"舞。2019年3月1日，14日均线上穿233日均线，"搭弓射箭"的技术形态形成，股价开始了马不停蹄地上攻，25个交易日，股价上涨70%。这个案例中的"搭弓射箭"是14日均线和233日均线的"搭弓射箭"（见图1-55）。

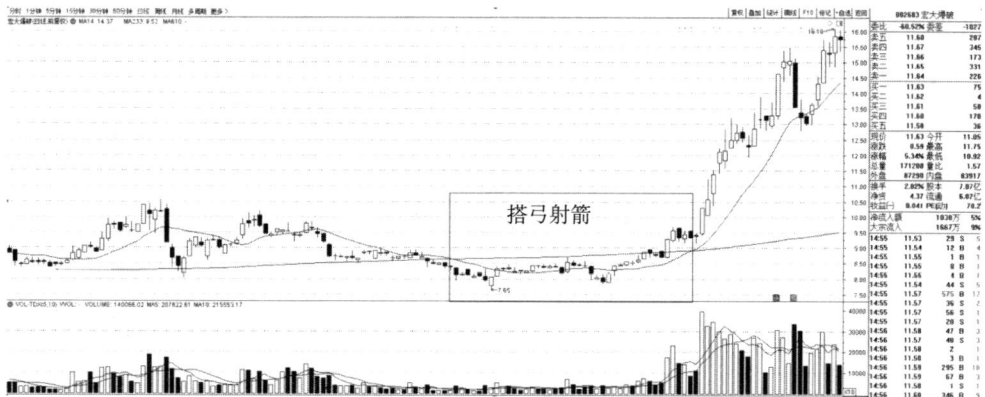

图1-55 "搭弓射箭"是主升浪前的最后洗盘

案例4：天马科技（603668）

2019年4月26日，天马科技（603668）的14日均线下穿377日均线，经过一小波下跌之后，调整了近一个月。2019年5月23日，14日均线上穿377日均线，股价在前期高点附近打出了一个"一箭双雕"，在 14 日均线处止跌，然后开始连拉出 4 个涨停板。这个案例中的"搭弓射箭"是 14 日均线和 377 日均线的"搭弓射箭"（见图 1-56）。

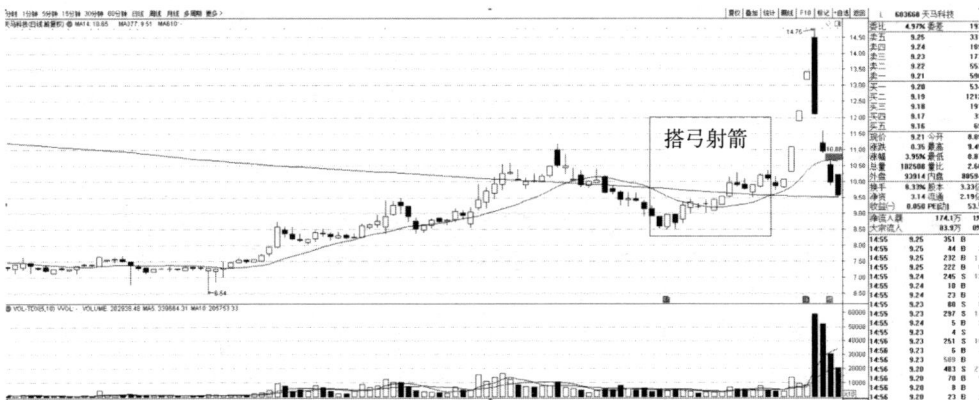

图 1-56　和 14 日均线"搭弓射箭"的另外一根均线数值越大，行情越猛

案例 5：亿纬锂能（300014）

2018 年 6 月 15 日，亿纬锂能（300014）的 14 日均线下穿 610 日均线，经过了长达 8 个月左右的下跌之后，股价在 2019 年 2 月 13 日、14 日均线又上穿 610 日均线，然后开启了一大波慢牛走势，把股价翻了一番。这个案例中的"搭弓射箭"是 14 日均线和 610 日均线的"搭弓射箭"（见图 1-57）。

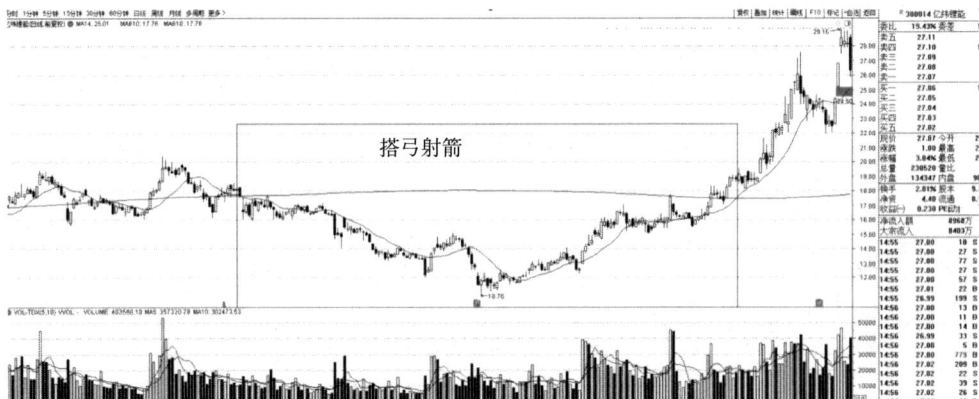

图 1-57　"搭弓射箭"的时间长，股价容易形成慢牛

投资哲理小故事

小偷的故事

从前，有个人以偷为生。小偷的儿子有一天对爸爸说："爸爸，我要像你一样以偷为生，你教我怎么偷东西吧！"小偷看着儿子那副尖嘴猴腮的模样，想想他好逸恶劳的个性，心想若不学偷，这个孩子日后或许会饿死，便答应了。

一天晚上，小偷带着儿子到了一幢大房子前，在墙上挖了个洞，爬进大房子。他们找到了储藏间，小偷便叫儿子进去找些值钱的东西。儿子一进去，小偷便在外面将储藏间的门锁上，同时跑到天井里大喊大叫，吵醒这家人，随即，小偷便通过墙上的洞溜了出去。这家人知道遭了盗窃，全家都出来查看。当他们看到墙上的洞，便以为小偷已经溜走了。此时主人便叫佣人点上蜡烛到储藏间看看少了什么东西。小偷的儿子在储藏间千万遍地咒骂他的爸爸，当他听到有人到储藏间查看，更是吓得腿都软了。但他没有什么办法，只好躲在储藏间的门后。佣人一打开储藏间的门，小偷的儿子冲出来，一口吹灭蜡烛，推开佣人，拔腿就跑。这一家人便大呼小叫地在后面追。在逃跑的路上，他看到有口池塘，便拾起一块石头丢到池塘里，在这家人围在池塘边寻找小偷儿子"尸体"的时候，小偷的儿子已回到家里。他正想指责爸爸的残忍，爸爸已先开口了："儿子，告诉我你是怎么回来的？"听完儿子的叙述，小偷说："孩子，你已经学会怎么偷东西了。"

最后提醒你，小偷的本事不在偷，而在于危机的时刻怎么逃。

投资感悟

主力资金最难的环节是出货，吸货不是很难，拉升只要有资金，也不难，关键的环节就是把高位的筹码变成现金。我们投资最关键的也是及时地锁定利润。一般实战中我们说得最多的就是"高抛低吸"，但是什么是高、什么是低，这回就清清楚楚了。

投资哲理小幽默

笑婆婆

有一个老太太，整天坐在路口哭，被称为"哭婆婆"。一天，一位老师路过此地，便问其缘由。老太太告诉老师：她有两个女儿，一个女儿卖伞，一个女儿卖鞋。每当天晴的时候，她就想起了卖伞的女儿，想到她的伞会卖不出去，因此伤心而哭；而每当天下雨的时候，她又想起卖鞋的女儿，想到她的鞋一定不好卖，因此也伤心落泪。所以，无论天晴下雨，她总是在哭。老师听罢，说：下雨的时候，你就想卖伞的女儿生意好，天晴的时候你要想卖鞋的女儿卖得好，这样你就自然不会哭了。听了老师的一番话，老太太顿悟。从此，街头便有了一个总是乐呵呵的"笑婆婆"。

投资感悟

做一只股票的时候，普通的投资者都是看好以后就满仓买入，买入以后一旦错了，就止损出局。所以就只有两种结果，像赌博一样赌涨跌。涨了大喜，跌了不知所措，有的在大跌以后走极端的就是因为满仓而且是杠杆资金，所以跌了以后无路可走，而且很多人根本就没有做好买进后股票跌了的准备，所以跌了以后就没有办法。我们职业的操盘手不是这样的，我们看好一只股票以后，先轻仓三五手地买进试探一下，找找感觉，感觉对了，方向明了了，再逐步加仓，而且永远不满仓，半仓就等于满仓，留下的半仓在盘中做 T+0，做盘中的振幅，防范风险。这样跟着一只股票走，只要选股功夫不差，这只股票的大方向是向上的，我们就一直跟着走，涨了就卖、跌了就买，一半现金、一半仓位。这样我们不管这只股票怎么波动都有应对措施，满仓跟着上涨，半仓甚至空仓跟着下跌。就像这个笑话里的"哭婆婆"变成"笑婆婆"一样。

股市谚语：风险是涨出来的，机会是跌出来的。

十二、八线推进

　　具体表现为：股价经过长期的"暗无天日"以后，股价不再创新低、14 日均线不再下跌，而且慢慢走平，然后股价站上 14 日均线，但是股价也不做行情，就沿着 14 日均线横盘前进，在这个行进过程中，上面呈空头排列的均线 57 日均线、89 日均线、144 日均线、233 日均线、377 日均线、610 日均线一根根地被这不下跌的股价给慢慢扭平，也加入小周期均线和股价平行推进的行列。当然这个过程中间会有："三线推进""四线推进""五线推进""六线推进""七线推进"，加入平行推进的均线越多，推进的时间就会越长，爆发起来的行情就会越大。

　　"三线推进"是指 14 日均线、28 日均线、57 日均线三根均线平行推进，其他的均线在上面呈空头排列之势。爆发的买点有两个："三阳开泰"和"鱼跃龙门"。

　　"四线推进"是指 14 日均线、28 日均线、57 日均线、89 日均线四根均线平行推进，其他的均线在上面呈空头排列之势。爆发的买点有两个："四喜临门"和"鱼跃龙门"。

　　"五线推进"是指 14 日均线、28 日均线、57 日均线、89 日均线、144 日均线五根均线平行推进，其他的均线在上面呈空头排列之势。爆发的买点有两个："五谷丰登"和"鱼跃龙门"。

　　"六线推进"是指 14 日均线、28 日均线、57 日均线、89 日均线、144 日均线、233 日均线六根均线平行推进，其他的均线在上面呈空头排列之势。爆发的买点有两个："六六大顺"和"鱼跃龙门"。

　　"七线推进"是指 14 日均线、28 日均线、57 日均线、89 日均线、144 日均线、233 日均线、377 日均线七根均线平行推进，其他的均线在上面呈空头排列之势。爆发的买点有两个："一鸣惊人"和"鱼跃龙门"。

　　"八线推进"是指 14 日均线、28 日均线、57 日均线、89 日均线、144 日均线、233 日均线、377 日均线、610 日均线八根均线平行推进，其他的均线在上面呈空头排列之势。爆发的买点有两个："八仙过海"和"鱼跃龙门"。

按照正常走势，股价不创新低、14 日均线走平、上翘以后，接下来应该有："小试牛刀""拉开序幕""战斗打响""花好月圆""前程似锦""欢喜过年""万马奔腾""展翅高飞"等进攻形态出现，一步一个台阶把股价送入"天女散花"阶段。可是并没有，而是横盘平行推进，这是股价在蓄势，蓄的时间越长，爆发起来力度越强、行情也越大。

案例 1：一汽夏利（000927）

2019 年 3 月 28 日，一汽夏利（000927）的股价从 377 日均线上一跃而起，"一字板"开盘，技术形态上是强到极致的"鱼跃龙门"，这个"一字板"以 T 字板报收，并不是股价走得不强，而是主力故意撕开一个口子，清洗一下前方高点的获利盘和解套盘。我们回放一下这个股票，它已经几年没有起色了，2018 年 10 月 19 日，创下 2.37 元的新低后，后面就不再创新低，在我们《股市脸谱》实战系统里，我们就视它为进入"蓄势待发"阶段。接下来就是要静静地观察它，等待它的爆发，像这种八线推进的股票，一般的爆发点有两个，一个是"鱼跃龙门"；另一个是"八仙过海"。这个是属于"鱼跃龙门"。在这个横盘蓄势待发的阶段里，14 日均线、28 日均线、57 日均线、89 日均线、144 日均线、233 日均线、377 日均线七根均线平行推进，其他的均线在上面呈空头排列之势，股价几乎没有做过行情，所以这样的股票一旦爆发就属于爆发行情（见图 1-58）。

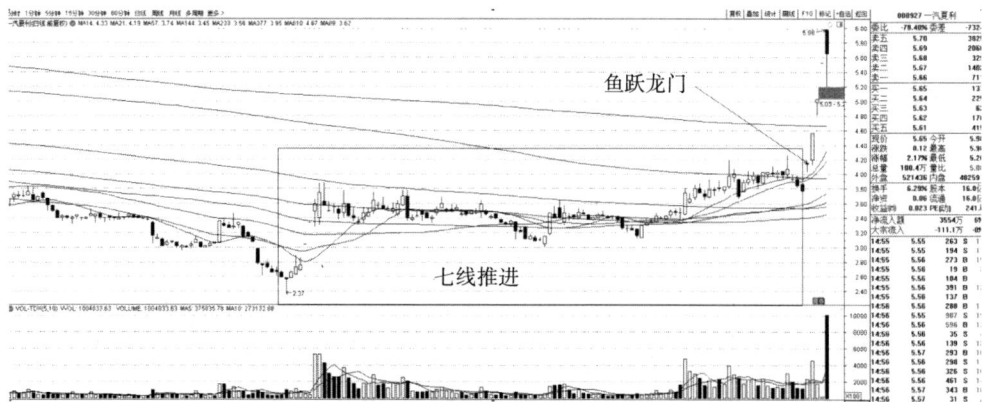

图 1-58　"八线推进"是孕育大牛股的摇篮

案例 2：精准信息（300099）

2019 年 3 月 28 日，精准信息（300099）在"万马奔腾"的节点处后面的第四个交易日爆发了，当天就突破了近两年来的所有高点，并且以涨停板报收，盘面强到极致，第二天高开高走高举高打，迅速把股价又推上了涨停板，接下来又拉了5个"一字板"，真的是涨得是酣畅淋漓。往前看一下该股，是经典标准的"七线推进"走势，并且推进的时间相当长，从2018年6月份就进入了"蓄势待发"阶段。在这长达1年9个月的时间里，股价几乎没有做过行情，长期在底部昏昏欲睡，横盘整理，所以这个行情是一步到位的行情（见图1-59）。

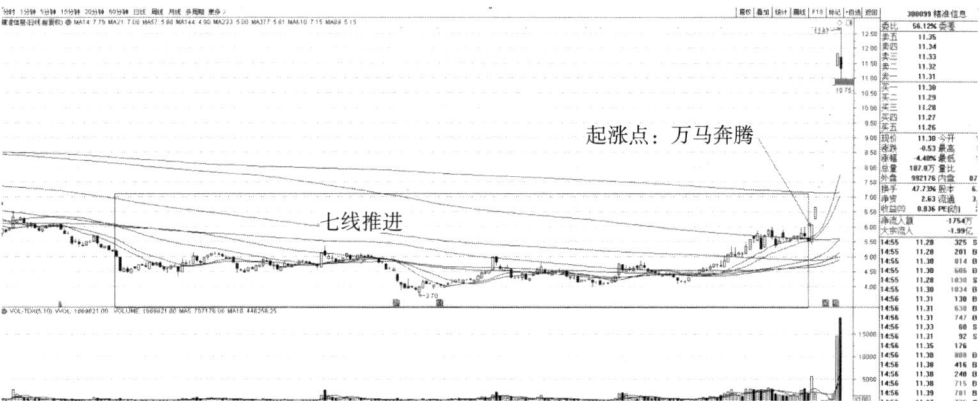

图1-59 精准信息的爆发节点非常精准（14日均线上穿377日均线的节点）

案例3：上港集团（600018）

上港集团（600018）是属于八线推进中的极品，该股整整推进了3年。对这只股票不详细讲解，望有心的读者对着电脑自己看一看，自己琢磨琢磨！其中奥妙有缘人得之（见图1-60）。

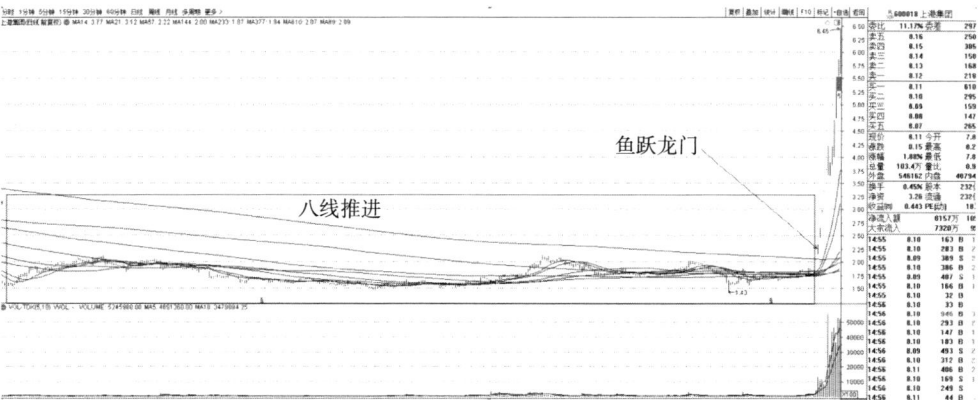

图1-60 这个案例简直是"八线推进"的鼻祖，望大家多揣摩揣摩

案例4：青松建化（600425）

2019年2月25日，底部横盘了1年8个月的青松建化（600425），在14日均线上穿233日均线的结点处爆发了，此处的均线都是欢喜过年，整体走势已经六线推进了1年8个月。股价在这个节点处选择攻击，当天并没有以涨停板收盘，接下来又横盘整理了三天，把前期高点的套牢盘和解套盘全部消灭在这里，然后一路扬长而去（见图1-61）。

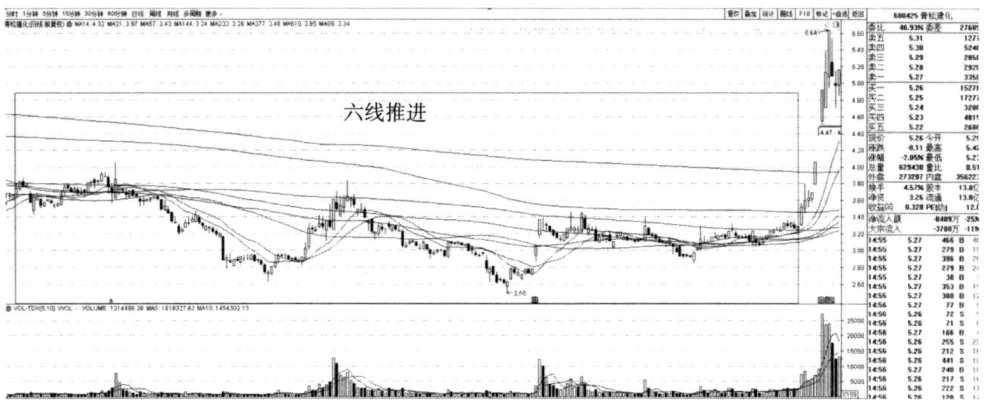

图1-61 "八线推进"的实质是主力资金在筑底吸货

案例5：吴通控股（300292）

2019年4月16日，吴通控股（300292）以涨停板的面目结束了长期横盘整理的局面。往前回顾，该股在底部横盘整理了一年多，技术形态上形成了"七线推进"，所以涨起来也相当不含糊（见图1-62）。

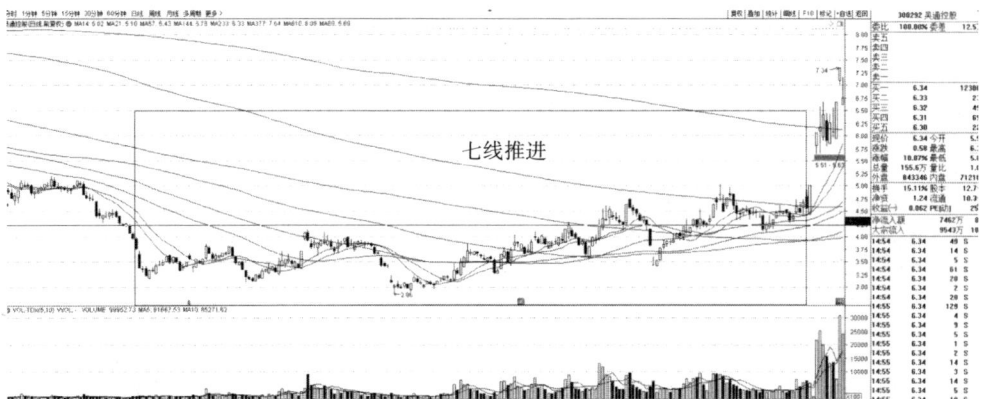

图1-62 "八线推进"的过程中最好不要做行情，后面涨起来才会猛

投资哲理小故事

著名表演艺术家英若诚曾讲过一个故事。他生长在一个大家庭中，每次吃饭都是几十个人坐在大餐厅中一起吃。有一次，他突发奇想，决定跟大家开个玩笑，吃饭前，他把自己藏在饭厅内一个不被注意的柜子中，想等到大家遍寻不着时再跳出来。尴尬的是：大家丝毫没有注意到他的缺席，酒足饭饱，大家离去，他才蔫蔫地走出来吃了些残汤剩菜。从那以后，他就告诉自己：永远不要把自己看得太重要，否则就会大失所望。

投资感悟

主力资金建仓之时，很多专家都会呼吁散户和主力资金一起建仓，其实实战中完全没有必要。因为我们的那点资金基本是属于主力资金忽略不计的范畴，所以实战中就是发现了像这样"八线推进"之类的筑底，我们也不要急着参与进去，一直等它建完仓，试盘以后，开始明确地拉升了再进入。

投资哲理小幽默

小学生股民的爆笑作文

我今年11岁。由于爸爸和妈妈这两只"原始股"的结合，我这只"潜力股"在1996年正式"挂牌上市"了。我一"上市"，就被家人争相"炒作"，我也因此养成了自以为是的坏习惯。6岁时，爸爸妈妈这两个"大股东"把我送进新的"投资环境"（幼儿园）。小班结束时，我身上的"投资泡沫"基本上被"证监会主席"——幼儿园老师给挤没了。刚上中班，妈妈就投巨资，让我与英语"重组"。可惜的是，我对英语实在没兴趣，一年以后就把它"PT处理"了。妈妈不得不同意英语从我这里"退市"。

一年级下半学期，妈妈重新发现了我的"投资价值"，给我买了很多书。我开始借着"股评"（字典）读"大盘"（书），并因此被评为"博览群书"奖，也算是收了根不小的"阳线"吧！到二年级时，妈妈的"监管"力度不够，一度"失控"，我的学习成绩几次"探底"。这次"利空"让我第一次收了一条

"大阴线"。于是，我认真查找"违规行为"，好的行为习惯继续"买盘"，坏的习惯索性"停盘"，争取做一匹"黑马"。通过努力，成绩终于有所"反弹"，成了一只"蓝筹股"。国家给我们小学生减负，这可是"国有股减持"！"国有股减持"一出台，"大盘"就"单边下跌"。争取8年以后，我这只被爸爸妈妈"基金重仓"持有的"潜力股"能与"北大""清华"成交。

投资感悟

男：我就喜欢18岁的女孩。

女：没有人会永远18岁。

男：但永远会有人18岁。

生活中，这样的信条会被人不齿，但在股市里，你要这样做，这就是一种理念。生活中要有情有义，股市里要无情无义。我就是持有这样的一种理念，只做强势股，只做强势股中的最具爆发力的一段。永远不要和股票谈恋爱，更不要考虑和股票结婚。

股市谚语：大牛变疯牛，天量到了头。

十三、三座金山

我们在股市里所说的"三座金山"是指股价在形成"天女散花"以后，经过一小波的拉升，主力资金开始回调清洗获利盘，股价下跌形成了一个头部，如此反复几次，形成了三个（有时候多于三个有时候少于三个，意思都一样）头部，然后经过下跌蓄势或者横盘整理后以气吞山河之势一举放量突破这三个头部的高点，我们就把这个买点称为"三座金山"。这个买点往往容易形成暴涨大行情。这个买点放在我们这一套《股市脸谱》实战系统的均线走势的最后，也算是寓意三本书希望送给大家"三座金山"吧！

案例1：万年青（000789）

2018 年 1 月 8 日，万年青（000789）的技术走势上出现了一个高点；2018年 8 月 8 日，在技术走势上又出现了一个相对高点；2019 年 3 月 18 日，在这两个高点平行的位置上又出现一个相对高点。2019 年 3 月 27 日，股价放量把这三个高点一举突破，第二天稍作休整，股价即扬长而去，技术分析上就把这三个高点称为"三座金山"（见图1-63）。

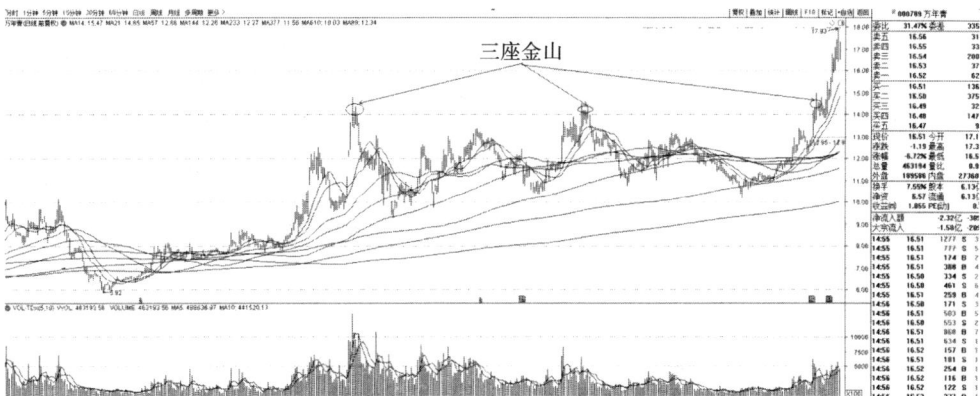

图1-63　股市中的"三座金山"就是我们的金矿

案例2：国际实业（000159）

2019 年 3 月 14 日，国际实业（000159）恰逢当时西部开发和"一带一路"板块的炒作，当天以涨停板报收。我们仔细分析这个涨停板，刚好越过了股价前期的三个高点：第一个是 2018 年 1 月 31 日的技术高点；第二个是 2018 年11 月 15 日的相对高点；第三个是 2019 年 3 月 13 日的技术高点。这三个高点都有量堆，技术上应该有很大的压力，可是在 2019 年 3 月 14 日，一个涨停板没有放多大的量，就把这三个高点都给突破了，"三座金山"的技术形态已经形成，后市不可小觑。"三座金山"技术形态，可遇不可求，非常难得（见图1-64）。

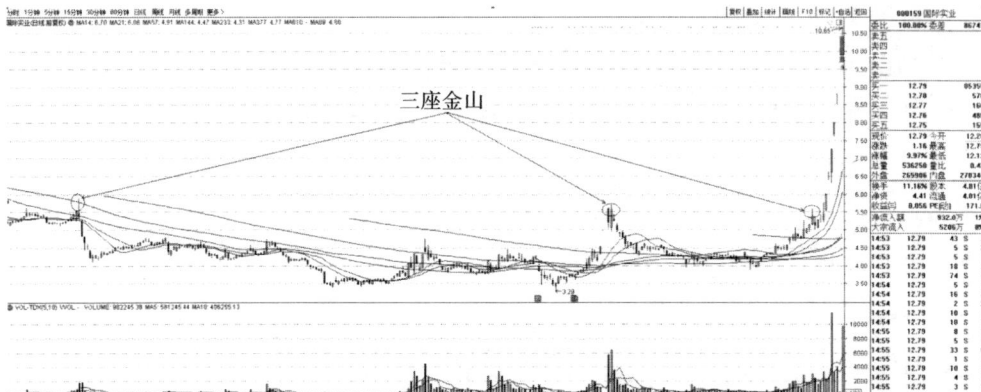

图 1-64 突破"三座金山"的时候就是我们常说的"突破前高重仓出击"之时

案例 3: 顺鑫农业 (000860)

2019 年 3 月 15 日,顺鑫农业 (000860) 跳空高开高举高打以涨停板报收,开启了一波逼空行情。我们仔细分析一下该股,2018 年 8 月 1 日该股在技术走势上形成了一个高点;2018 年 9 月 26 日,股价又冲击了这个高点,未果;2019 年 3 月 13 日,股价再次向这两个高点发起冲击,又没有冲过去,技术上形成三个高地。2019 年 3 月 15 日,股价直接越过这三个高点跳空高开开盘,"三座金山"技术形态成立 (见图 1-65)。

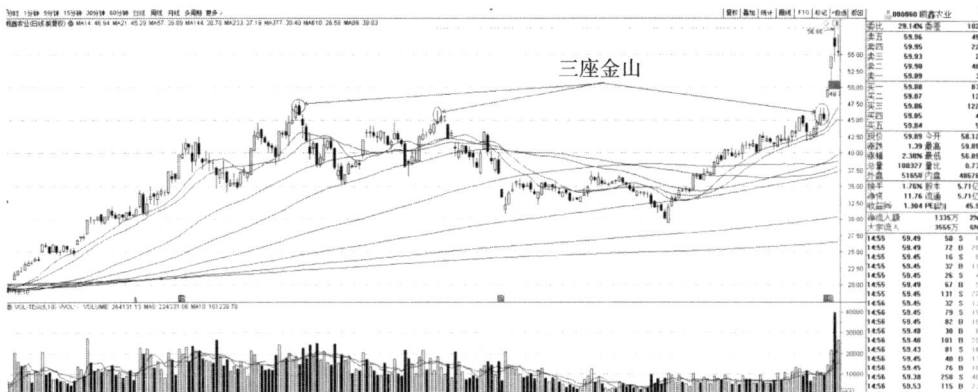

图 1-65 "三座金山"一定要有效突破才是"金山"

案例 4: 温氏股份 (300498)

2017 年 11 月 22 日,该股在技术走势上形成了一个高点;2018 年 1 月 25 日,股价在这个高点附近又形成了一个高点;2018 年 12 月 6 日,股价走到这个位置的时候,再次受到了压力,又选择了向下,再一次把这个地方形成高点;

2019 年 1 月 7 日，股价一举拿下这三个高点，拿下以后股价并没有长驱直入，而是极富耐心地横盘整理，把这三个高点的套牢盘和获利盘都消化在这一段横盘整理，然后在 2019 年 2 月 11 日，股价开始放量拉升，开启了一波波澜壮阔的行情（见图 1-66）。

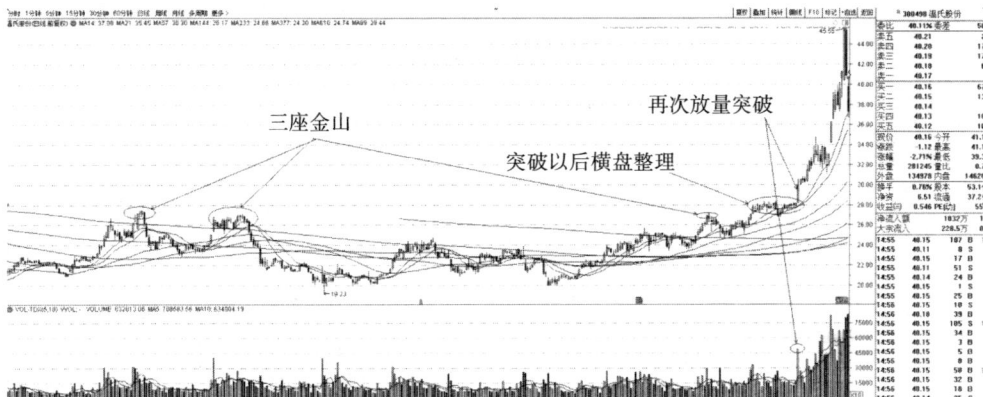

图 1-66 放量突破"三座金山"说明主力志存高远

案例 5：华新水泥（600801）

2019 年 3 月 29 日，华新水泥（600801）的股价放量突破近期和前期的高点，第二天跳空高开高举高打，马不停蹄地开启了一波行情。回过头来看一看前面的几个高点，2018 年 8 月 8 日，股价创出了 21.99 元的新高，然后开始回调；2018 年 10 月 12 日，股价又上攻到了 21.41 元附近，再次开始回调；2019 年 3 月 21 日，股价最高上攻到 21.92 元，再一次回调，形成三个技术高点，这三个高点被 2019 年 3 月 29 日的"大阳线"一举拿下，"三座金山"的技术形态成立（见图 1-67）。

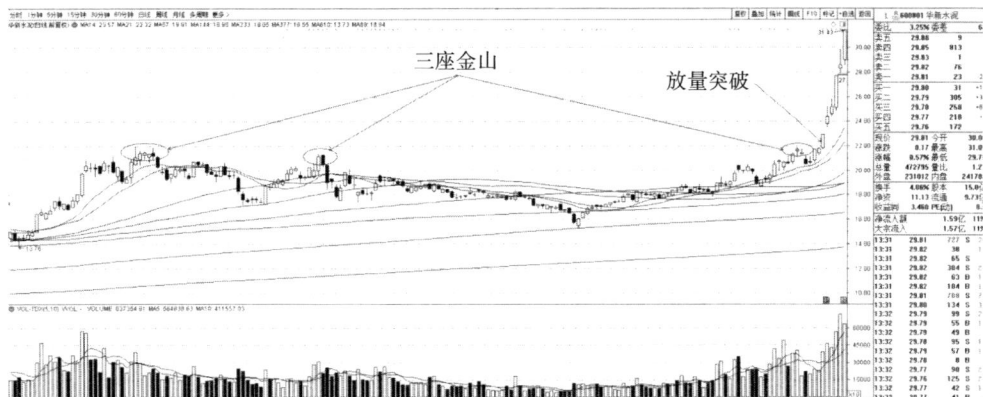

图 1-67 如果是缩量突破"三座金山"说明筹码高度集中

投资哲理小故事

财富山下有一个小村，村里每十年都有五百个年轻人去山上寻宝，因为传说山顶上有很多的金子，但是只有极少数人能活着回来。

有个叫阿呆的小伙子胆子很小，但听说有一位老人年轻时候上过山顶，于是就跑去问老人怎么样自己才能够拿到金子活着回来。老人告诉他："山顶确实有金子，但是必须要经过山脚处河水里成群的鳄鱼、山腰处半夜出来吃人脑袋的黑豹，最后还有山顶上吐火的恶龙。如果你能到达山顶就可以从山顶的另一面下山，一路坦途但是没有金子。至于能不能活着回来，要看你的命了。"

但是老人送了三个纸条给阿呆，让阿呆在遇到危险时打开看。

第二天阿呆就跟着其他人一起出发了，他们走到山脚，果然看见河水里有好多张着大嘴的鳄鱼。于是一批勇敢的年轻人跳下河水拼命往对岸游，可是这些鳄鱼非常凶猛而且饥饿，一批批年轻人都被鳄鱼吞掉了。

阿呆看得胆战心惊，急忙打开了第一个纸条，上面写着："等别人都跳下去，鳄鱼吃饱了自然就不吃了，你再慢慢过河。"

就这样，阿呆和侥幸逃生的二百人一起渡过了河。来到山脚后，大家果然在路上看到了零星散落的金币，众人都很开心，一边捡一边赶路。

过了几天大家来到了山腰处，每个人都是又兴奋又疲乏，晚上睡觉时很快就都睡着了。突然一声惨叫，从树林里窜出几只黑豹叼走了几个熟睡的年轻人，大家来不及反应，那几个人已经被黑豹带回去分吃了。

众人都异常害怕，但是因为期望捡到更多金子，没有人愿意下山。可是大家都非常的疲惫，如果不睡觉就没法继续赶路，但睡觉随时可能被黑豹吃掉。

在大家不知所措的时候，阿呆打开了第二个纸条，上面写着："多数人醒着的时候，你放心睡觉。多数人都睡觉时，你要警醒着。"

就这样每晚都有人被黑豹吃掉，但是阿呆活了下来继续和其他活着的一百人一起，捡起死去同伴掉落的金币，捡了一大包，然后依然向前赶路。

终于，他们来到了山顶，山顶却没有金币。突然从山顶的巨石后面跳出一条红色的火龙，向正在低头找金币的人们喷火焰。很多人被烧了后一边乱跑一边还在地上找金币，有的人居然用木棒去砸巨龙，但都被烧死了，散落一地金币。

这个时候阿呆赶紧打开第三个纸条，只见上面写着："什么都不要想，快跑逃命。"阿呆扔掉纸条，转身就向下山的路跑，一路看见金币也顾不得捡，跑出很远回头才看见只有少数几个同来的年轻人跟在后面跑了出来，多数还带着伤。

终于阿呆带着一袋子金币回到了家。

阿呆来到老人家里，感谢老人的救命纸条，并拿出一半金子送给老人。老人坚持不要，并说："这些金子是你的。"阿呆说："不，只有少数金子是我的，这些金子大部分都是死去的那些同伴掉落在山顶的。"

这个时候老人沉默片刻，和阿呆说了一句话："告诉你吧，山脚下土壤里产金币，但是山顶上其实一直都只有恶龙，没有金币。恶龙每十年都会把山顶死去的人掉落的金币捡起来，重新撒落在山脚和山腰，这样就会吸引新的年轻人来到山顶，供它享用。"

投资感悟

看了这个小故事，我们有没有感觉若有所悟？主力拉升股价有时候只是为了做盘虚张声势，就是为了把我们诱惑上去接盘。而真正有利润的筹码是从底部产生的。

所以我们什么时候都要牢记：保命（保证资金安全）第一，增值第二，并记得及时锁定利润。

投资哲理小幽默
名人话股市

范仲淹说："先涨停之前而买，后见顶之后而出。"

苏轼说："不识庄家真面目，只缘身在股市中。"

陆游说："买入股票解套日，家祭勿忘告乃翁。"

文天祥说："人生自古谁无股，留取资金等底部。"

孙悟空对唐僧说："师傅，我看这大盘妖气甚重，妖股甚多，我们还是撤资吧。"

曹操对刘备说:"天下庄家,唯使君与操耳。"

鲁智深说:"小二,快从账户上选些套牢的股票割肉与洒家下酒。"

尔康对紫薇说:"山无棱,天地合,才能赚到钱。"

鲁迅说:"我买了两只股票,一只叫中国建筑,另一只也叫中国建筑。"

裴多菲说:"绩优诚可贵,重组价更高,若是有黑庄,二者皆可抛。"

徐志摩对股市说:"轻轻地我走了,正如我轻轻地来,我挥一挥衣袖,本金一点也回不来。"

谭嗣同说:"中国股市之流血请从吾等散户始。"

林则徐说:"师庄之长技以制庄。"

李世民说:"尔等最近股票涨了没?朕的咋被套了?股能载朕亦能套朕。"

魏征说:"恕臣直言,要多听忠言,要专心做股,不可玩物丧股,招纳贤人,股尽其用。臣知道一套股票奇书——《股市脸谱》,短线长线波段操作,符合大自然规律,熟知主力操盘套路,吾皇三思可考虑一读啊!"

投资感悟

现在的社会,网络信息的发达导致很多人很浮躁,他们觉得,做网红赚钱容易,随便拍个视频,做个直播,只要火了就能赚大把的钱。导致许多幻想一夜暴富的人,剑走偏锋,不择手段去博取眼球。于是就前有"黄鳝门"女主播被刑拘,后有"极限永宁"坠楼身亡。还有千千万万投身"网红"事业,耗费大量钱财和青春的年轻人,最终却一无所获。

除了当"网红",很多人还把娱乐圈"选秀",当作普通人跨越财富和阶层的快速通道。他们觉得,只要有张嘴就可以唱歌,有手有脚就可以跳舞。各种"草根"选秀节目,给人一种业余者也能逆袭的感觉。

他们不知道,"网红"作为一个新兴行业,也正逐步趋于成熟化。那些出现在我们视野的网红、草根艺人,基本都是专业出身。他们之所以能碾压对方,靠的是长期的专业训练,同样一个东西,他们能看到太多外人看不到的东西,并付出千万倍努力。所谓专业,就是将一件事做到了极致,达到业余人士无法企及的高度。要想单靠碰运气,吸引眼球就在网络上一夜爆红,简直是痴人说梦。与其说是一夜爆红,不如说是厚积薄发的结果。

有很多人都说高手在民间，有很多牛人深藏不露。其实，并不是看上去那么简单。对于职业选手，每一个单项，都是一个非常复杂的系统。

就拿运动员来说，职业运动员的天赋和刻苦缺一不可，每天十余个小时的专业训练，同时还要有相关的理论、装备、训练方法、饮食调配、心理辅导。这样才可能塑造出来一个优秀的职业运动员。

千万别被"高手在民间"这句话催眠了，专业和业余之间的差距，有时比天上和地下之间的差距还要大。

每一个行业，从来就没有好走的路，好赚的钱。唯一的捷径，就是踏踏实实地把自己变专业。只有在变专业的过程中，才有机会辨识优秀的人和自己的差距。

在这方面，古人早就把人的职业进阶分成了七层：奴、徒、工、匠、师、家、圣。并做了如下解释：

奴：非自愿和靠人监督、鞭策的人；

徒：能力不足，肯自愿学习的人；

工：老老实实，按规矩做事的人；

匠：精通一门技艺或手艺的人；

师：掌握了规律，又能将其传授给他人的人；

家：有固定的信念，让别人生活得更好的人；

圣：精通事理，通达万物的人。

这个世界绝大多数人，都要在"奴"的层次过一辈子，他们本职工作完全没有主观能动性，纯属为了养家糊口。不仅看不到职业的上升通道，思想上还毫无改变的意识。要么直接庸庸碌碌终其一生，要么尝试走捷径赚快钱，然后失败，接着庸庸碌碌过完一生。相比而言，"徒"是一个进步者，能意识到自己能力不足，去学习去改变，境况要好一些，假以时日会遇到改变的机会。至于"工"，可以说世界的发展，离不开他们所做的一切。但对个人而言，如果满足于此，就只是维持而已，不会带来进更大步或改善，是被动的生存策略。到了"匠"，也就是我们所说的专业人士了，他们对本职业务达到了精通，做出来的东西，普通人都能看出其质量，一般来说，这是普通人的职业天花板。"师"相当于现在教授级的人，不但业务能力非常出色，还能长期不断地给其他人传授规律和知识。而"家"，就是业内的顶尖人物，像画家、音乐家、作家，他们有自己的理念和思想，具有鲜明的个人特色。最后是"圣"，这是全人类极少数人的境界，不但在所属领域出类拔萃，无人能敌，前无古人，后难有来者，影响着一代又一代的人，还有高尚品格和睿智，有一颗高贵的不同凡响的心，具备常人难以抵达的善和超越。前人早就告诉我们，人外有人，天外有天。但社会的浮躁，总能让人忘记这一点。

其实，无论新兴行业也好，传统行业也罢，要想成功，都逃不过一步一个脚印。不要再用业余的态度，去挑战专业。只有努力把自己变专业，才是正道。

股市谚语：熊市只做投机，牛市才做投资。

第二章　K 线形态

一、三羊开泰

　　"三羊开泰"是一个汉语词汇，意思是动能升阳、善能升阳、喜能升阳。"阳"和"羊"同音同调，"三羊开泰"也作"三阳开泰"另一种解释是"三条阳线开启泰卦的意思；泰卦画法是先画一、二、三个阳爻，后画一、二、三个阴爻，占此六爻，就是三开泰。出自《易经》，认为冬至是"一阳生"，十二月是"二阳长"，正月则是"三阳开泰"。"三阳"表示阳气逐步超越阴气，冬去春来，万物复苏。"开泰"则表示吉祥亨通，有好运即将降临之意。人体的阳气升发也有类似的渐变过程，称其为人体健康的"三阳开泰"。我们把它应用到股市是指股价经过漫长的"暗无天日"见底以后不再创新低，但是也没有什么表现，量区里的量柱在慢慢地不引人注目地温和放大，一组一组的小阳线好像在有人暗暗地不引人注意地在吸纳筹码，由于这股力量的干预，股价慢慢地由下跌变为横向运行，14日均线、28日均线、57日均线相继也由下跌变为走平，并由于持仓成本的差不多一致导致三条均线黏合在一起。突然有一天，一根大阳线自下而上一举穿越14日均线、28日均线、57日均线三根均线，说明主力资金已经拔刀亮剑、攻势凶猛、实战中跑步跟进方显英雄本色。我们把这根一举穿越三根均线的大阳线称作"三羊开泰"。

案例 1：泰永长征（002927）

　　2018 年 12 月 18 日，泰永长征（002927）的技术走势上出现了一根大阳线，自下而上一举穿越 14 日均线、28 日均线、57 日均线三根均线形成"三羊开泰"的技术走势。主力选择这么一个吉利的日子开战，看来对数字比较讲究，做盘还要选择一个黄道吉日，这么细致讲究，做起盘来也真是不含糊，一口气干了 7 个涨停（见图 2-1）。

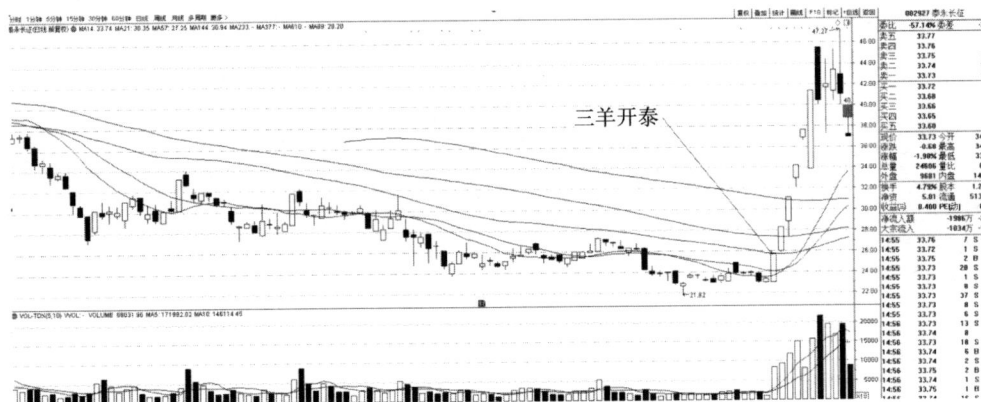

图 2-1 "三羊开泰"是股价爆发的结点

案例 2：东材科技（601208）

2019 年 2 月 12 日，横盘整理了一年之久的东材科技（601208）终于爆发了，一根大阳线自下而上一举穿越 14 日均线、28 日均线、57 日均线三根均线，技术走势上形成攻击形态"三羊开泰"。主力资金已经拔刀亮剑，攻势凶猛，实战中跑步跟进方显英雄本色（见图 2-2）。

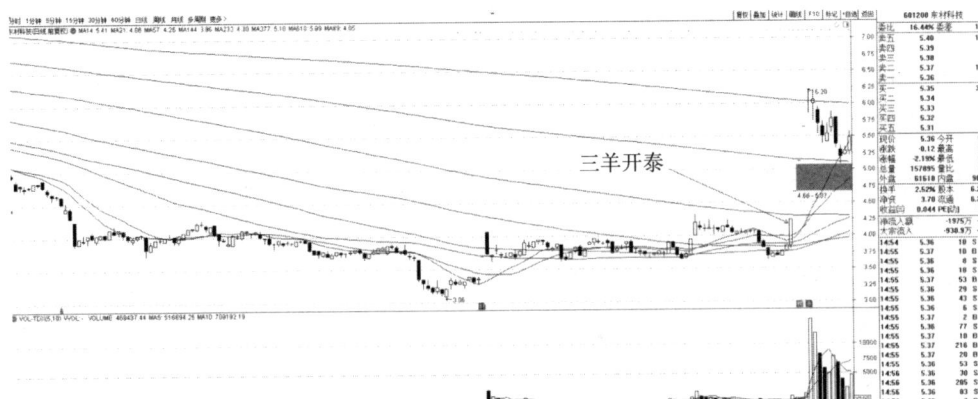

图 2-2 "三羊开泰"是主力资金明目张胆地做多，实战中跑步跟进方显英雄本色

案例3：航天通信（600677）

2019年1月2日，航天通信（600677）的14日均线上穿233日均线，均线系统形成"欢喜过年"的技术走势，股价也很给力，当天以涨停板报收，接下来的股价更给力，连拉4个涨停板。我们仔细分析一下该股，发现在"欢喜过年"的前一天，一根不怎么引人注目的K线，竟然一举穿越14日均线、28日均线、233日均线三根均线，原来股价在这一天已经"三羊开泰"了（见图2-3）。

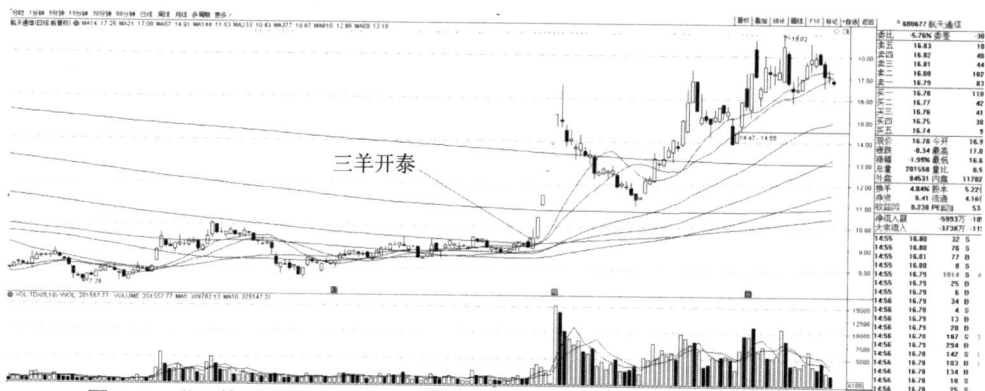

图2-3　"三羊开泰"一般以涨停板居多，不是涨停的需观察接下来几天的走势

案例4：晓程科技（300139）

2019年3月5日，晓程科技（300139）一根不起眼的小阳线，上穿144日均线、233日均线、377日均线三根均线，技术形态上形成"三羊开泰"。2019年3月6日，股价悄悄地躲在昨日阳线的上部，整理了一天，悄悄地观察跟风盘。2019年3月7日，股价露出了真面目，跳空高开以涨停报收，接下来连拉4个一字涨停板，深情演绎了"三羊开泰"的威力（见图2-4）。

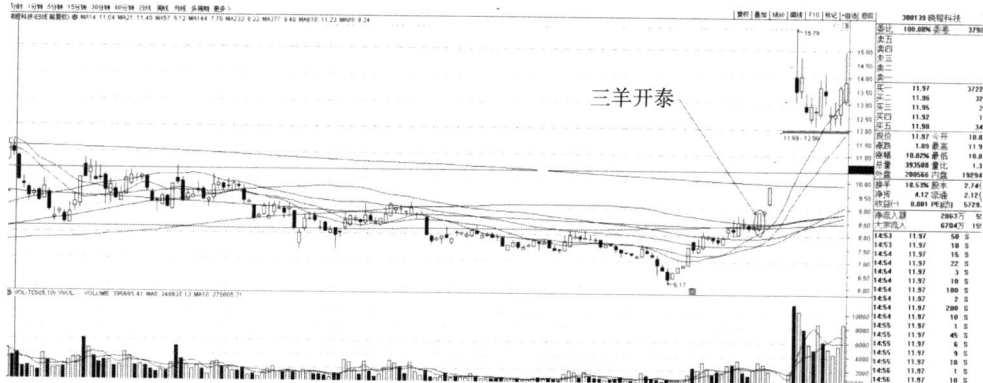

图2-4　"三羊开泰"是短庄猛牛行情

投资哲理小故事

三羊开泰的故事

汉朝末年，西域古疏勒（今喀什）住着一位叫耶律汉的牧羊人。一天晚上，耶律汉看到狼在追赶着三只羊，他不顾危险将狼赶跑了，当他回过身来，三只羊已经消失在夜色中。后来，有一天，耶律汉家来了三位远道而来的客人，他们在离开的时候，拿出一把如意锁送给耶律汉。

第一年，草原大风暴，很多人的家都被刮倒了，成了一片废墟，耶律汉的家和家人却安然无恙。

第二年，草原大瘟疫，很多人因此生了病，惨不忍睹，耶律汉及家人身体健康一点事也没有。

第三年，草原大狼灾，很多人家的牲畜被狼咬死了，耶律汉家的牲畜却一只也没有少。

原来耶律汉救的三只羊是天上的神羊，它们为了报恩，将羊角变为如意锁赠给他，庇护他们一家平安、健康、吉祥。后来耶律汉将如意锁放置在村头，保得全村年年平安、健康、吉祥。从此这个故事就传开了，后人都用三羊开泰来表达平安、健康、吉祥之意。

投资感悟

有时候股价在蓄势待发阶段能磨叽好几个月甚至上年都没有起色，但是就在我们把它遗忘的时候，它突然就这么不遮不掩地大打出手了。对于这种情况，我们在盘中好多时候由于自身原因是发现不了的，因为现在三千多只股票，而且我们盘中总有懈怠的时候，若收盘的时候发盘再不坚持，往往这样的股票涨的一波行情都过了我们都有可能不知道。

实战中，我们发现这样的股票，应该在第一时间切入，因为这样的股票往往会以涨停板收盘，第二天又大幅度高开，蹭蹭蹭三四天，一波行情就结束了。如果没有在第一时间买入，第二天大幅高开没法追，第三天行情基本到了尾声了，所以平时要多下功夫，所谓"台下十年功、台上一分钟"表现在股市也是这个意思。

投资哲理小幽默

来

夜黑风高，荒郊野岭，小木屋里。

男："来了？"

女："来了。"

男："来？"

女："来！"

男："来了吗？"

女："还没来！"

男："还没来？那再来！"

女："来了！"

女："还来不？"

男："不来了，来不了了。"

女："来了不再来，再也不来了！"

男："来了就行了，来了还要来啊？"

女："来了就还得来，只来一次，不如不来。"

男："来了，就不能再来了，不然别来了。"

这是 2015 年度优秀小说评选中获得特等奖的短篇小说《来》。获奖理由：文字通俗简练，寓意深刻含蓄，充分体现了中国语言的深奥！

投资感悟

生活中到处都是学问，应该开阔眼界，以万物为师。山水是书，鱼虫是书，花鸟是书，草木是书，人情也只是书。一般人只会读有字之书，却看不见世上这些无字之书。打开心灵，在更广阔的空间里洞察世事。否则，只执着一事一物，不知变通，最终将一事无成。我们不要将求取学问的眼光局限于书本，对于生活中的各种事物，花草树木、山石道路，都能从中发现知识，发现人生真谛，要慢慢地品读大自然这本无字书，悉心聆听教诲，情愿归心。裸体女神油画，以有色的眼光去看，有伤风化；用艺术的眼光去欣赏，就是艺术。

一个人在人生的路上行走奔波，实质上是无助的。一切成功和财富的获得，全靠自己，全靠自己的悟性，悟性来自哪里，谁也没有说清楚，也没有唯一的答案。本人认为，人的悟性来自对自己所处的生活境遇和自身情况的清醒和深刻的认识。首先要清醒地认识自己，要知道自己是怎么回事，到底有何德何能？其次要了解社会的水究竟有多深，火到底有多热？最忌讳轻浮、轻佻和不知深浅轻重，恣意妄为。一个盲目的醉汉四处乱撞、碰壁，反而自以为能。悟性是一个人的学识、能力、胆魄、智慧和聪明的集中体现。我觉得，人这一辈子，时时刻刻都在参悟生活的哲理，诚如《红楼梦》里的一副对联所言：世事洞明皆学问，人情练达即文章。南怀瑾先生说过："实际上，这两句话，一个人一辈子的修养如果能够做到的话，就非常成功了。世事都很洞明，都看得很透彻，这是真学问；练达就是锻炼过，经验很多，所以对于人情世故很通达，这是大文章。"能做到"世事洞明"的人恐怕不多，但要是想增长点学问，只要处处留心就能做到，从平常的事情中获得知识，日积月累，这些知识就会如粒粒沙子，堆成一个小沙丘。当你遇到问题时，你便可从自己的积累中找出相关的知识来解决，使问题迎刃而解。

生活当中有许多值得我们留心的东西，一幢有特色的建筑、一个装饰漂亮的房间、一间布置典雅的咖啡厅、一本书的封面设计，这些当中都有许多值得我们学习的东西。只要我们留心观察和思考，多少都会有所收获。人生处处皆学问，做个生活中的有心人，就不难成功。

股市里更要做个有心人、细心人，K线的深奥程度，可远远不是这篇《来》能比拟的，绝不亚于中国语言的深奥程度。我们一定要抛却静态的眼光，进而动态地研究K线的内涵，透过表面的现象去看本质，掌握K线的灵魂与精髓，读懂K线这部无字天书。

股市谚语：连涨三日不追，连跌三日不割。

二、四喜临门

"四喜临门"从广义上说，是指古人所说的人生四大喜事：金榜题名时；洞房花烛夜；他乡遇故知；久旱逢甘露。从狭义上说，是指洞房花烛夜，大门上贴两个囍，囍囍也称为四喜临门；同时也指四项好事同时到来即称为四喜临门。我们把它引用到股市是指股价在"蓄势待发"阶段横盘了很久，已经"四线推进"（14日均线、28日均线、57日均线、89日均线四根均线横盘推进）了，可是股价自见底以来还没有做什么行情，突然有一天，一根大阳线一举穿越14日均线、28日均线、57日均线、89日均线四根均线，量价齐升。我们把这根一举穿破四根均线的大阳线称作"四喜临门"。这样的一阳穿四线属于爆发性行情。

案例1：联合光电（300691）

2019年2月11日，在底部横盘了半年的联合光电（300691），技术形态上终于走出了一阳穿四线的"四喜临门"（见图2-5）攻击形态，接下来19个交易日，股价涨幅70.42%。

图2-5 "四喜临门"一般出现在"蓄势待发"的末端

案例2：必创科技（300667）

2018年3月26日，盘整多日的必创科技（300667），走出了"四喜临门"的技术形态，一根大阳线自下而上穿越14日均线、28日均线、57日均线、89日均线四根均线，并以涨停板报收，强到极致。第二天跳空高开，高举高打迅速封涨停板。接下来几天全部涨停板，到第七个涨停板才打开，而且打开就是"当头一棒"的单日出局形态，迅速锁定利润。操作这样的股票就是短、平、快、暴利（见图2-6）。

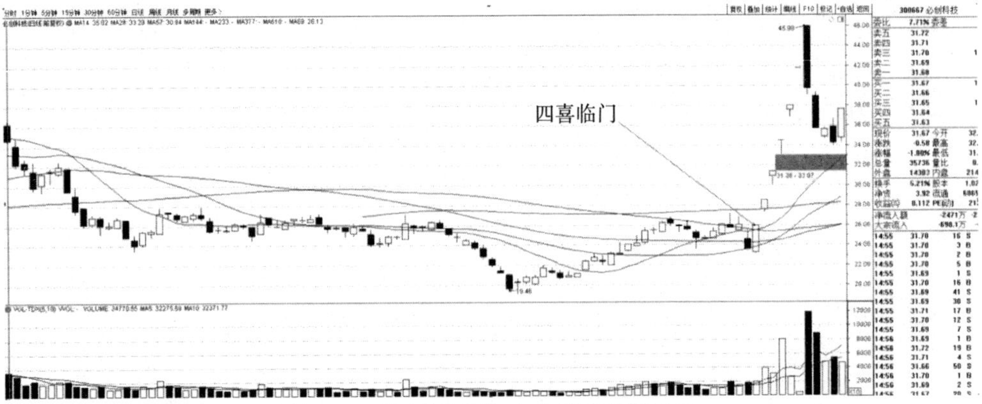

图 2-6 "四喜临门"大多属于暴涨行情

案例 3：高斯贝尔（002848）

2018 年 5 月 3 日，高斯贝尔（002848）走出了一阳穿四线的"四喜临门"技术形态。该股的走势和必创科技十分相似，这充分地说明技术形态的可靠性、规律性和可复制性。不管基本面怎么样，只要走出相同的技术形态，它的市场意义基本都一样，而且出局点位也十分清晰——"含金上吊"（见图 2-7）。

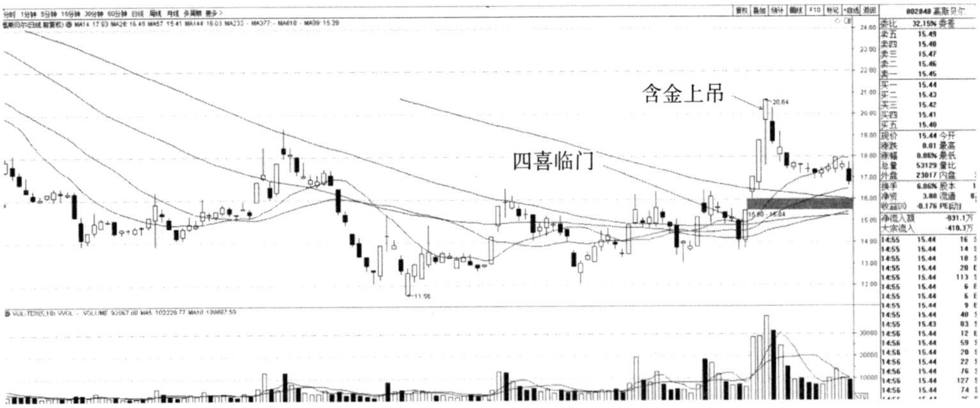

图 2-7 "四喜临门"出现当天，要不计成本跟进

案例 4：深天马 A（000050）

2019 年 2 月 11 日，深天马 A（000050）的股价强势上涨，以一根大阳线自下而上穿越 14 日均线、28 日均线、57 日均线、89 日均线四根均线，量价齐升，技术走势上形成"四喜临门"。这应该属于爆发性行情。接下来的走势也是够爆发的，22 个交易日股价就翻了一番，从 9.13 元涨到了 20.79 元的最高（见图 2-8）。

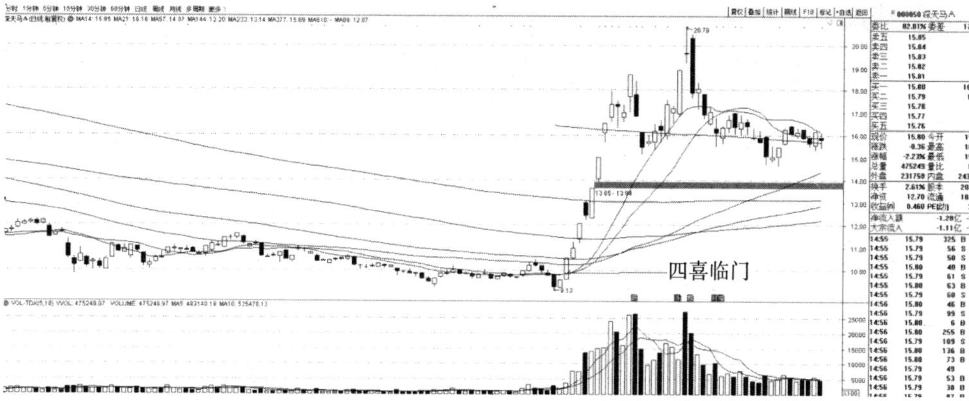

图2-8　股市里的"四喜临门"和生活中的四喜临门一样让我们开心

案例5：智云股份（300097）

2019年2月12日，智云股份（300097）的股价量价齐升收出一个涨停板的大阳线。这根大阳线自下而上穿越14日均线、28日均线、57日均线、89日均线四根均线，股价"四喜临门"了，接下来应该有好事发生（见图2-9）。

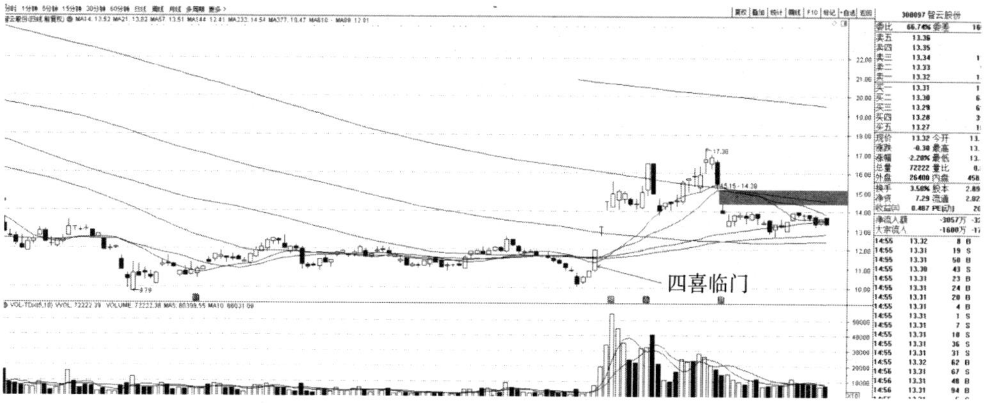

图2-9　"四喜临门"同时攻破四根均线，做多力量相当强大

案例6：金力永磁（300748）

2019年5月20日，金力永磁（300748）的股价量价齐升收出一个涨停板的大阳线，并自下而上穿越14日均线、28日均线、57日均线、89日均线四根均线，股价"四喜临门"。当时正赶上中美贸易摩擦的爆发，该股属于稀土永磁板块的龙头，走出了一波波澜壮阔连拉涨停的行情（见图2-10）。

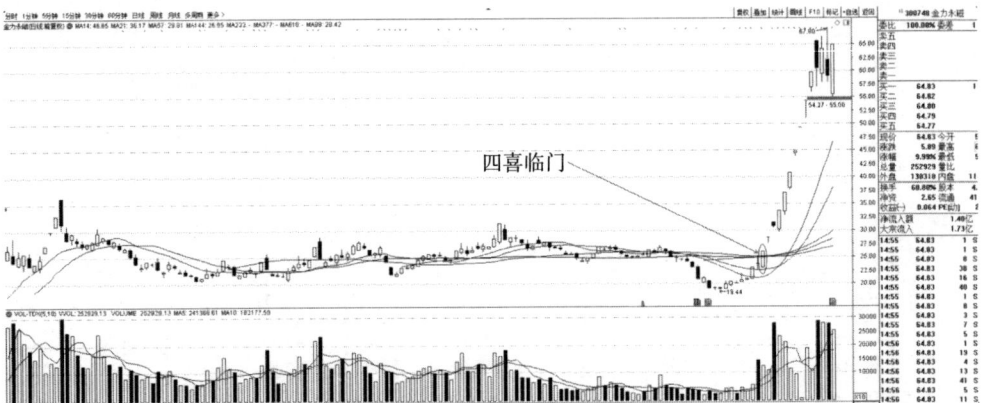

图 2-10　该股属于当时稀土永磁概念龙头，技术上又有"四喜临门"配合，暴涨成为必然

投资哲理小故事

　　一个心理学教授到疯人院参观，了解疯子的生活状态。一天下来，觉得这些人疯疯癫癫，行事出人意料，可算大开眼界。想不到准备返回时，发现自己的车胎被人下掉了。"一定是哪个疯子干的！"教授这样愤愤地想道，动手拿备胎准备装上。事情严重了。下车胎的人居然将螺丝也都下掉。没有螺丝有备胎也上不去啊！教授一筹莫展。在他着急万分的时候，一个疯子蹦蹦跳跳地过来了，嘴里唱着不知名的欢乐歌曲。他发现了困境中的教授，停下来问发生了什么事。教授懒得理他，但出于礼貌还是告诉了他。疯子哈哈大笑说："我有办法！"他从每个轮胎上面下了一个螺丝，这样就拿到三个螺丝将备胎装了上去。教授惊奇感激之余，大为好奇："请问你是怎么想到这个办法的？"疯子嘻嘻哈哈地笑道："我是疯子，可我不是呆子啊！"

投资感悟

　　这种"一阳穿四线"的技术走势，实战中属于短庄猛牛、一步到位的行情，不能循规蹈矩地对待。一般的情况，股价见底以后在"蓄势待发"阶段里，14日均线步步上攻，遇着一根大的均线比如57日均线、89日均线、144日均线、233均线、377日均线，理论上都会做一波行情，直至把股价送上610日均线，再经过洗盘以后，开启它的主升浪。但是每只股票有每只股票的特殊情况，比如说基本面消息的配合（打个比方说，该股在"四喜临门"前后几个月就这一点利好的话，主力资金就不得不这样做了）、大盘环境的配合、一些政策导向的配合，还有操盘手的个性、习惯，等等，造成一些股票的走势不会循规蹈矩、墨守成规。

股市谚语：一阳穿几线，喊空都是骗。

三、五谷丰登

"五谷丰登"意思是指年成好，粮食丰收。出自《六韬·龙韬·立将》："是故风雨时节，五谷丰登，社稷安宁。"民间传说是这样的：每年的正月十五，吃完早饭就开始和面，做成蜡烛形状，中心用新棉花捻成灯芯，再放到锅内蒸熟。等到天黑，在灯芯凹处注入豆油点燃。这个风俗称蒸灯。灯点燃后，全家人开始吃团圆饭，饭后开始观灯。看灯捻燃烧后，能留下的灯花是什么。如果是玉米和大豆，就预示今年这两样粮食丰收。如果是灯花像长满了各种形状的粮食，就预示今年大丰收。我们把它引用到股市是指股价在"蓄势待发"阶段横盘了很久，已经"五线推进"（14 日均线、28 日均线、57 日均线、89 日均线、144 日均线五根均线横盘推进）了，可是股价自见底以来一直在平行横盘运行还没有做什么行情，突然有一天，一根大阳线一举穿越 14 日均线、28 日均线、57 日均线、89 日均线、144 日均线五根均线，量价齐升。

我们把这根一举穿破五根均线的大阳线称作"五谷丰登"。这样的一阳穿五线也属于爆发性行情。它比"四喜临门"更为猛烈，但意思都一样，即预示着后面会有一波像样的大丰收行情！

案例 1：京泉华（002885）

2018 年 6 月 5 日，京泉华的一根大阳线，像从深海深处钻到海平面处一样有力地穿越 14 日均线、28 日均线、57 日均线、89 日均线、144 日均线五根均线，技术形态我们称它为"五谷丰登"，接下来 7 个交易日累计涨幅达 49.38%（见图 2-11）。

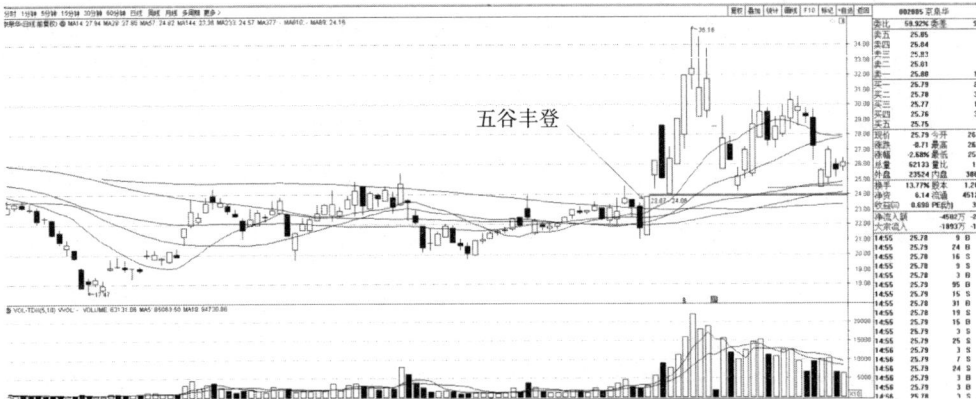

图 2-11 "五谷丰登"就是股市里的风调雨顺

案例 2：白云山（600332）

2018 年 4 月 19 日，挖了一个洗盘坑的白云山（600332），一根大阳线吃掉回调的 7 根阴线，这叫经典的"一龙战七虫"，而且这个大阳线穿越了 14 日均线、28 日均线、57 日均线、89 日均线、144 日均线五根均线，技术形态我们称它为"五谷丰登"。因为这个股票当时的位置处于天女散花的主升浪中，所以接下来的涨幅我们期望值应该高一点，2018 年 5 月 29 日，股价也不负众望地从二十几元涨到了最高价的 45.87 元，技术形态上出现了我们的单日见顶 K 线形态"露头椽子"，接下来的第三天 2018 年 6 月 1 日又走出了"走向深渊"的清仓技术形态，收获不小了，可以收手了（见图 2-12）。

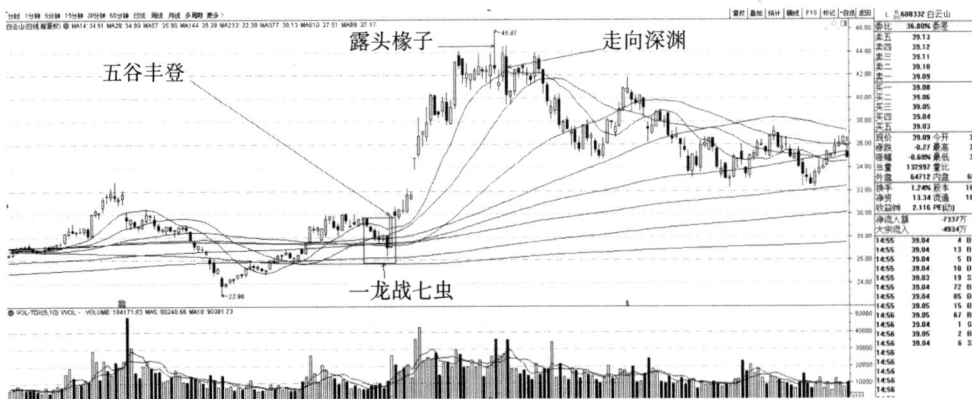

图 2-12 出现在洗盘结束时的"五谷丰登"就是主升浪的开始

案例3：御银股份（002177）

2019年2月18日，御银股份（002177）一根不起眼的小阳线，却悄悄地干了一件大事，一举穿越14日均线、28日均线、57日均线、89日均线、144日均线五根均线，接下来35个交易日，股价累计涨幅达141.3%（见图2-13）。

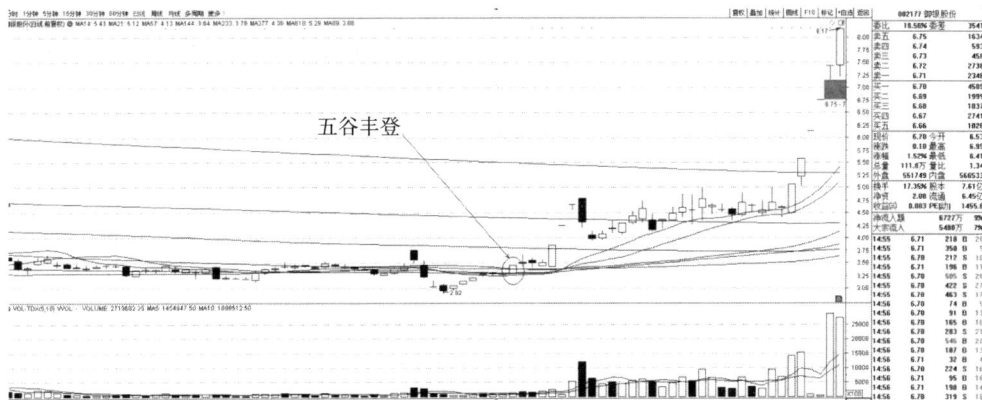

图2-13 这个"五谷丰登"虽然很低调，但是也隐藏不了它的实质意图

案例4：烽火电子（000561）

2019年1月3日，在底部横盘了近一年的烽火电子（000561），终于爆发了，一个大阳线拔地而起，并一举穿越14日均线、28日均线、57日均线、89日均线、144日均线五根均线，技术形态上形成"五谷丰登"，接下来自然而然地掀起一波行情，把股价从5元左右拉高到最高处的9.06元（见图2-14）。

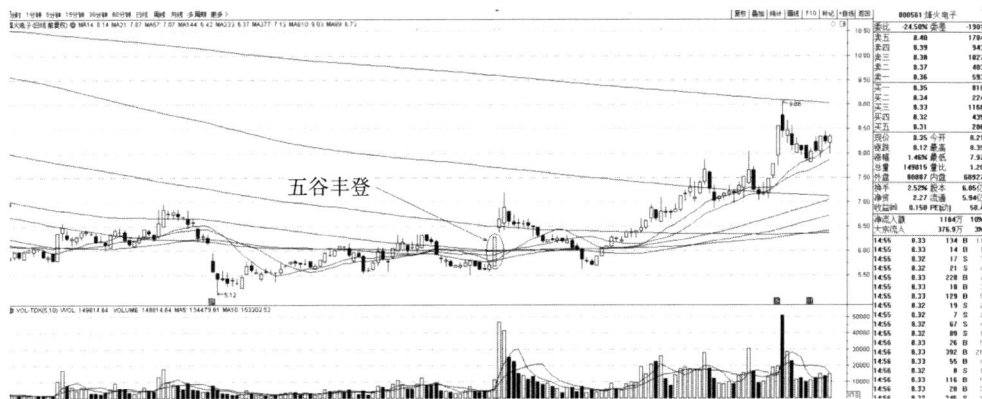

图2-14 慢牛的"五谷丰登"也是风调雨顺，虽然拉升的时间稍长些

案例 5：贵州轮胎（000589）

2019 年 5 月 8 日，贵州轮胎（000589）一根阳线穿越 14 日均线、28 日均线、57 日均线、89 日均线、377 日均线五根均线，技术形态上形成"五谷丰登"，接下来开启了连拉涨停行情。我们往前回顾一下该股，该股的下跌是从 2015 年 6 月最高处的 15.84 元开始，到 2018 年 6 月 22 日创下最低 3.05 元以后，才止住跌势。然后进入"蓄势待发"阶段，但是股价的"蓄势待发"阶段也没有上涨，而是收集一拨筹码就开始洗盘、收集一拨筹码就开始洗盘，直到 2019 年 5 月份，出现"五谷丰登"以后，才开启了一步到位的暴涨行情（见图 2-15）。

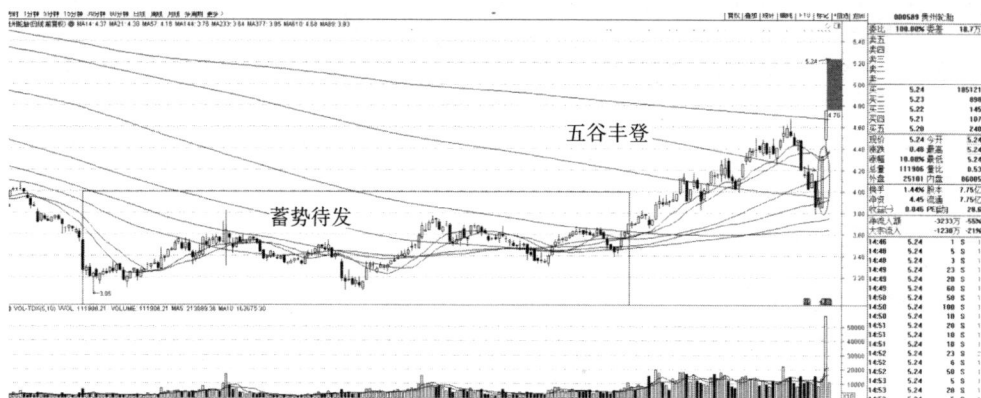

图 2-15 出现在"蓄势待发"末端的"五谷丰登"准备工作做得很充分

投资哲理小故事

一个热气球上有三个人，上升时遇到故障，必须舍弃一人才能安全升空，三人中一个是环保学家，一个是核专家，一个是农学家，该舍谁呢？大家讨论半天，也找不到正确答案，因为任何一个人都太重要了。

这时，一个孩子喊了一句："把最胖的扔下去！"

投资感悟

我们在依据个股形态选股时，同样的技术形态在大盘股和小盘股之间进行取舍时，舍大取小，因为大盘股升起来费劲，小盘股升起来轻松，毕竟股价的上涨都是靠资金来推动的。

投资哲理小幽默

改编诗词名篇话股市

〔春秋〕孙子：被套，国之大事，生死之地，存亡之道，不敢不涨也。

〔三国〕曹操：何以解忧，唯有解套。

〔唐〕杜甫：安得利好千万个，大庇天下股民尽欢颜。

〔唐〕李白：李白乘舟将欲行，忽闻股票被跌停。桃花潭水深千尺，不及转势变涨停。

〔唐〕孟浩然：套牢不觉晓，处处闻割了。夜来键盘声，散户死多少。

〔唐〕王之涣：圈钱依山尽，钞票入海流。欲追涨停板，回家卖层楼。

〔唐〕贾岛：楼下问孩子，言娘炒股去。只在股市中，跌深不知处。

〔宋〕李清照：股被套，怎一个愁字了得？

〔宋〕苏轼：人有悲欢离合，股有潮起潮落，此事古难全，但愿高增长，天天有钱赚。

〔宋〕辛弃疾：众里寻股千百度，蓦然回首，刚抛的股票，封在涨停处。

〔宋〕陆游：风雨送牛归，暴雪迎熊到，已是股市百丈冰，哪个股还俏？俏也难争春，犹豫是否抛，股指何时才见底，只有鬼知道。死去原知万事空，但悲不见大盘红，多头势不可当日，家祭无忘告乃翁。

〔唐〕李煜：跌跌不休何时了，大盘知多少。政策昨夜又吹风，爱股不堪回首跌停中。

股市谚语：新股民怕跌，老股民怕涨。

四、六六大顺

六六大顺，本指农历六月初六。多用于祝福家庭幸福，工作顺利，事业有成，身体健康。出自《左传》："君义，臣行，父慈，子孝，兄爱，弟敬，此数者累谓六顺也。"在中国北方一些地区，有"六月六，走罢麦"的俗语，也有"六六绿"的说法。溯其原因，六月六日前后，小麦已经收打完毕，正处在一个农闲阶段，是探亲的绝佳时期。这一天女儿要回娘家，因而又称作"回娘家节"。如果天气好，太阳光较强，在这一天很多人家都会把衣服之类的"大红大绿"拿出来洗晒。天气不好，下了大雨也有"六六绿，倒瓜园"之说。为什么是"六六大顺"不是"七七大顺""八八大顺"？六六大顺是来自易经，易经中有六爻之说，易经中"六"代表阴爻（"九"代表阳爻），六个六为"坤"卦，上六爻，龙战于野，其血玄黄，是大不顺的卦象。因为不顺，所以人们就说六六大顺，用来表达心中的期望。我们把它引用到股市是指股价在"蓄势待发"阶段横盘了很久，已经"六线推进"（14 日均线、28 日均线、57 日均线、89 日均线、144 日均线、233 日均线六根均线横盘推进）了，可是股价自见底以来还没有做什么行情，突然有一天，一根大阳线一举穿越 14 日均线、28 日均线、57 日均线、89 日均线、144 日均线、233 日均线六根均线，量价齐升。我们把这根一举穿破六根均线的大阳线称作"六六大顺"。

这样的一阳穿六线也属于爆发性行情。它比"四喜临门""五谷丰登"更为猛烈，但意思都一样，即预示着在这里买入股票后面会家庭幸福、工作顺利、事业有成、身体健康、财源滚滚、万事如意、六六大顺！

案例 1：爱乐达（300696）

2019 年 5 月 10 日，在底部横盘整理了将近一年的爱乐达（300696），以一根大阳线一举穿越 14 日均线、28 日均线、57 日均线、89 日均线、144 日均线、233 日均线六根均线，并以涨停板报收，"六六大顺"的技术形态出现。接下来股价蹭蹭蹭地上涨，7 个交易日，股价从"六六大顺"的 23.37 元开盘，上涨到 2019 年 5 月 17 日的最高价 33.28 元（见图 2-16）。

图 2-16　爱乐达的"六六大顺"技术形态出现

案例 2：恒银金融（603106）

2019 年 6 月 20 日，在底部横盘整理了将近一年的恒银金融（603106），以一根大阳线一举穿越 14 日均线、28 日均线、57 日均线、89 日均线、144 日均线、233 日均线六根均线，并以涨停板报收，"六六大顺"的技术形态出现。接下来股价蹭蹭蹭地上涨，7 个交易日，股价从"六六大顺"的 9.14 元开盘，上涨到 2019 年 6 月 27 日的最高价 14.47 元（见图 2-17）。

图 2-17　在"六六大顺"形态中买入的股票，生活也会六六大顺

投资哲理小故事

王婆酿酒

古时有一个王婆，以酿酒为生。有个道士常到她家借宿，喝了几百壶酒也没给钱，王婆也不计较。一天，道士说，我喝了你那么多酒，也没钱给你，就给你挖一口井吧。井挖好后，涌出的全是美酒，王婆自然发财了。

后来，道士问王婆酒好不好，王婆说，酒倒是好，就是没有用来喂猪的酒糟。道士听后，笑着在墙上提了一首打油诗：

天高不算高，

人心第一高。

井水做酒卖，

还道无酒糟。

从那之后，那口井再也不出酒了。

投资感悟

老子说："知足不辱，知止不殆，可以长久。"这句话意思是说知道满足的就不受辱，知道适可而止的就不危险，可以保持长久。当一个人该知足而不知足时，就会成为贪欲的奴隶。做人最重要的是精简生命的需求，不沉溺于各种欲望而不能自拔，才能获取人生真正的幸福。

没有永远上涨的股票，也没有永远下跌的股票，所以一定要懂得适时收手、见好就收，最终落袋为安。

投资哲理小幽默

很久很久以前，人类都还赤着双脚走路。有一位国王到某个偏远的乡间旅行，因为路面崎岖不平，有很多碎石头，刺得他的脚又痛又麻。回到皇宫后，他下了一道命令，要将国内的所有道路都铺上一层牛皮。他认为这样做，不只是为自己，还可造福他的人民，让大家走路时不再受刺痛之苦。但即使杀尽国内所有的牛，也筹措不到足够的皮革，而所花费的金钱、动用的人力，更不知凡几。虽然根本做不到，甚至还相当愚蠢，但因为是国王的命令，大家也只能摇头叹息。一位聪明的仆人大胆向国王提出建言："国王啊！为什么您要劳师动众，牺牲那么多头牛，花费那么多金钱呢？您何不只用两小片牛皮包住您的脚呢？"国王听了很惊讶，但也当下领悟，于是立刻收回成命，改采纳这个建议。

据说，这就是"皮鞋"的由来。

投资感悟

想改变世界，很难；要改变自己，则较为容易。与其改变全世界，不如先改变自己——"将自己的双脚包起来"。改变自己的某些观念和做法，以抵御外来的侵袭。当自己改变后，眼中的世界自然也就跟着改变了。

人生在世只有三件事：第一件是老天爷的事，刮风下雨还是晴天我们只要管好自己的心情就可以；第二件是他人的事，我们听听就好；第三件是自己的事，是一定要认真做好的事！其实生活中见义勇为的机会很多时候是不需要把握的，远离垃圾人、垃圾事倒是时时刻刻要提醒自己的。

刚进入股市，是会有一些看不太习惯的事情，如内幕交易，坐庄，信息披露不对称，停板制度和国外不一样，等等。股市里的不合理、庄家的残酷无情就好比是路上的坎坷不平和碎石，究竟是愤愤不平地去想办法改变这些你认为的不合理现状，还是委曲求全、逆来顺受？很简单，你需要一双鞋子，把自己的双脚包起来不受伤害就够了。制度的完善是国家的事情，不合理事情的监督和管理是证监会的事情，坐不坐庄是庄家的事情，查处不查处是有关部门的事。我们要做的只是在现行的这种情况下，在认识股价的运行规律、了解主力资金的操盘手法的前提下，打造好自己的交易系统，大步流星走好自己的投资之路。

40 年前，赫伯特·西蒙（Herbert Simon）和威廉·蔡斯（William Chase）在美国《科学家》杂志上刊登了一篇论文，在研究专业知识方面得出一个著名结论："国际象棋是没有速成专家的，也当然没有速成的高手或者大师。目前所有大师级别的棋手（包括鲍比·菲舍尔）都花了至少 10 年的时间在国际象棋上投入了大量精力，无一例外。我们可以非常粗略地估计，一个国际象棋大师可能花了 1 万至 5 万个小时盯着棋盘……"

从此以后，科学发展了一个分支，专攻研究西蒙和蔡斯的发现，而研究者一次次地得出了相同的结论：要擅长复杂任务，需要大量的练习。

而在最近这几年，这个结论被引进到了互联网经济之中。有一个美国互联网经济专家叫作格拉德威尔，他写过两本非常有名的书，一本是《引爆点》，另一本是《异类》。尤其是《异类》，中国很多互联网人都非常喜欢，奉为圣典，里面就引用了一万个小时定律。作者在该书中提到，成为某一领域的专家，需要一万个小时，若是按每天工作 8 个小时、一周 5 天的话，你成为专家起码要 5 年的时间。

这就是一万小时定律的由来。

当然了，在这个一万个小时重复作业的过程中，是刻意训练的状态，而不是舒舒服服地混够一万个小时。同时，我们要不断挑战自己、挑战自己的极限，纠正种种的细节，日积月累地获得点滴的进步。这个时候的一万个小时才是有价值的。

这对刚刚进入股市的投资者朋友来说，应该认真思考一下，不要读了一两本书，或者是进入股市以后买对了一两只股票，就感觉自己是股神，要在股市里大显身手什么的。

股市谚语：牛市不作短，熊市不作长。牛市不杀跌，熊市不追涨。

五、一鸣惊人

"一鸣惊人"比喻平时没有突出的表现，一下子做出惊人的成绩。出自《史记滑稽列传》："此鸟不飞则已，一飞冲天；不鸣则已，一鸣惊人。"我们把它引用到股市是指股价在"蓄势待发"阶段横盘了很久都没有表现，已经"七线推进"（14 日均线、28 日均线、57 日均线、89 日均线、144 日均线、233 日均线、377 日均线七根均线横盘推进）了，可是股价自见底以来还没有做什么行情，突然有一天，一根大阳线一举穿破 14 日均线、28 日均线、57 日均线、89 日均线、144 日均线、233 日均线、377 日均线七根均线，量价齐升。我们把这根一举穿破七根均线的大阳线称作"一鸣惊人"。

这样的一阳穿七线也属于爆发性行情。它比"四喜临门""五谷丰登""六六大顺"更为猛烈，但意思都一样。

案例：嘉欣丝绸（002404）

2019 年 5 月 13 日，在底部横盘整理了将近一年的嘉欣丝绸（002404），以一根大阳线一举穿越 14 日均线、28 日均线、57 日均线、89 日均线、144 日均线、233 日均线、377 日均线七根均线，并以涨停板报收，股价"一鸣惊人"。随着"一鸣惊人"技术形态的出现，接下来的股价蹭蹭蹭地上涨，4 个交易日，股价从"六六大顺"的 5.58 元开盘，上涨到 2019 年 5 月 16 日的最高价 8.25 元（见图 2-18）。

图 2-18　"一鸣惊人"的股票涨起来就是不鸣则已、一鸣惊人

投资哲理小故事

公元前 614 年，楚庄王（熊侣）即楚国王位，然而这位年轻的楚王显得特别另类，即位三年后不但没有指点江山、一展宏图的志向，反而是纵情声色、不问国政，任由当时的令尹（相国）斗越椒把持朝政，肆意妄为。楚国当时的

实力并不弱，完全有资本称霸诸侯，面对这样的"糊涂"国君，大臣们坐不住了。大夫伍参便苦心孤诣地试探着向庄王发问：在那巍峨的山上，有一只怪鸟，一停就是三年，既不飞也不叫，我实在猜不透这是一只什么样的鸟。庄王答：三年不飞，一飞冲天；三年不鸣，一鸣惊人。此非凡鸟，凡人莫知。伍参听后大喜，深感欣慰。

然而数月过后，庄王依旧我行我素，享乐更甚。于是，另外一个耿直的大臣苏从也向庄王进谏。庄王不仅不听劝谏，反而怒抽宝剑要杀苏从。没想到苏从视死如归，很淡定地说，如果臣下的死能够让大王一鸣惊人，能够让楚国长治久安，那么我宁愿死于大王的剑下。

楚庄王听后凝视着苏从，大喜过望，抱住苏从说，太好了，寡人终于为这个国家找到了脊梁。自此以后楚庄王不再寻欢作乐，而是亲理朝政，让伍参、苏从担任要职，攘外安内，励精图治，最终问鼎中原，使楚国成为春秋五霸之一。

事实上，楚庄王并不是胸无大志，而是一个城府极深的人，即位三年之所以佯装颓废装糊涂，完全是迫于形势。因为即位之初，他对朝中的局势不熟，又加上权臣干政，所以不敢轻举妄动，只能暗中蛰伏，韬光养晦，考察朝臣的忠奸，伺机而动。没想到，这一装竟"装"了三年，不过皇天不负苦心人，他最终获得了伍参和苏从等德才兼备的忠义之臣，成为春秋时期楚国最有作为的君主。

投资感悟

作为一国国君楚庄王，一等就是三年，历时之长、忍耐之久，其志可见一斑。试想一下，如果是我们投资者做股票呢？又有多少投资者能为一个相对确定性的机会而等待三年呢？如果有，那他也一定不平凡。实际上，很少。所以股票市场里的赢家永远是极少数。但就我个人对投资市场的理解和认识，我认为做投资，最难的是等待。为什么说是等待？因为从较长的周期来看，绝大多数个股的走势大部分时间是处于箱体振荡或趋势不明朗的胶着状态。而在这种状态下，真正的交易机会是极其有限的，因此在大部分时间里，投资者需要做的是等待，而等待又是无比的痛苦和煎熬。但是也正因为这个时候的市场大部分时间是不能交易的"等待时间"，所以那些耐不住寂寞而整天频繁交易、幻想着一夜暴富的投资者大部分都成了"韭菜"，因此能够做到心如止水、耐心等待真正机会的投资者可以说是凤毛麟角。

所谓等待，不是什么都不干地虚度光阴和坐以待毙，而是静心修研、奋力沉潜，时刻准备着寻机而动。这一点，春秋时期的楚庄王做得可谓登峰造极。在股市里，我们只要等到我们需要的形态，就可以动手了。

我们的投资生涯应该只有10%的时间是做交易的，剩下90%的时间是用来思考保证交易不出错。

俗话说：短线靠等待，长线靠忍耐！

投资哲理小幽默

一家世界有名的大酒店招聘经理，前来应聘的人很多。

老板想考考他们，说："有一天当你走进客人的房间，发现一女客正在裸浴。你应该怎么办?"众人都举手抢着回答，有的说"对不起，小姐，我不是故意的"，有的说："小姐，我什么都没有看见"。老板听后不停地摇头。这个时候一个帅气的小伙子说了一句话，当场被录用了。

这个帅气的小伙子说：对不起，先生!

答案剖析：这个回答是抓住了客人的心理，客人明明是个女的，而经理却说先生。客人心里会怎么想? 肯定是认为这个经理没有看清她，所以内心是有窃喜的，保住了面子；酒店老板要的就是能抓住用户心理的人，那样才会做好业绩，与用户沟通美好。

投资感悟

股市，对于高手而言，就是一座开放的金库，但是要找到金库的钥匙并不是一件容易的事。在个股走出这样的"一阳穿几线"的技术形态时，就等于主力资金把钥匙拿了出来，我们一定要及时接过金钥匙，和主力一起开启后面的财富金库。

股市谚语： 财不入急门，冲动是魔鬼。

六、八仙过海

八仙过海是中国民间传说最脍炙人口的故事之一。八仙分别为钟离权、张果老、韩湘子、铁拐李、吕洞宾、何仙姑、蓝采和、曹国舅。八仙最早见于杂剧《争玉板八仙过海》中。相传白云仙长有回于蓬莱仙岛牡丹盛开时，邀请八仙及五圣共襄盛举，回程时铁拐李建议不搭船而各自想办法，就是后来"八仙过海、各显神通"或"八仙过海、各凭本事"的起源。

后来，人们把这个典故用来比喻那些依靠自己的特别能力而创造奇迹的事。我们把它引用到股市是指股价在"蓄势待发"阶段横盘了很久都没有表现，已经"八线推进"（14日均线、28日均线、57日均线、89日均线、144日均线、233日均线、377日均线、610日均线八根均线横盘推进）了，可是股价自见底以来还没有做什么行情，突然有一天，一根大阳线一举穿破14日均线、28日均线、57日均线、89日均线、144日均线、233日均线、377日均线、610日均线八根均线，量价齐升。我们把这根一举穿破八根均线的大阳线称作"八仙过海"。

这样的一阳穿八线绝对属于爆发性行情。它比"四喜临门""五谷丰登""六六大顺""一鸣惊人"都猛烈，意思虽然一样。实战中这样的机会是可遇不可求，形态中的极品！如果我们真的是有幸遇到了，接下来就是我们各显神通的时候了！

案例：海澜之家（600398）

图2-19是海澜之家（600398）的周线，涨幅大得不可思议，在日线上起涨点是"一字板"，短线没有什么可操作性。操作的话请朋友们参照《股市脸谱之二》中的"天女散花"形态操作。在这里不展开，举此案例旨在让朋友们理解股价的运行规律。

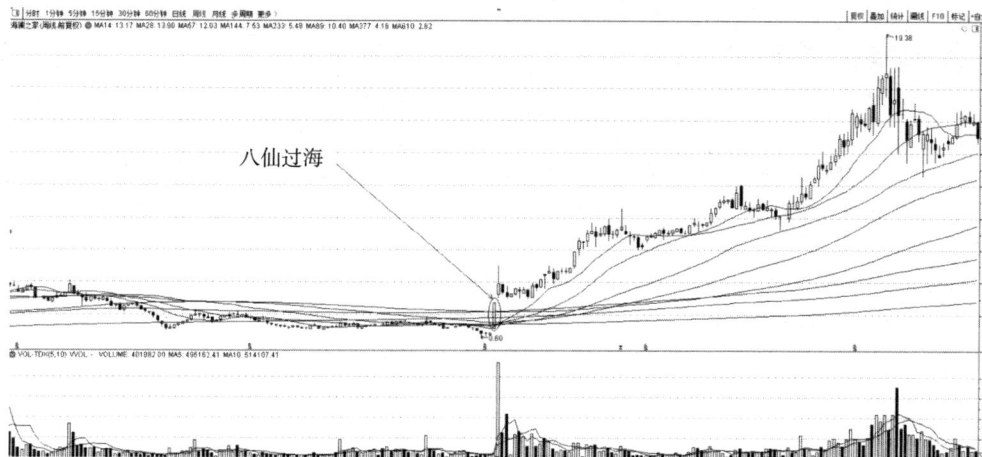

八仙过海

图2-19　"八仙过海"的技术形态出现，就是我们各显神通的时候了

投资哲理小故事

长安大雪

古代某日，长安城天降大雪，寒冷至极。一个吃饱了饭出来消食的文人见雪花飘飘，诗兴大发，脱口道："大雪纷纷落地。"刚念了一句，恰逢有个升迁的官员经过听到了，感念皇恩浩荡，一拱手接口道："正是皇家瑞气。"旁边一个卖棉衣棉裤发了大财的商人心花怒放，也凑了一句："再下三年何妨？"一语激怒了路边一冻饿欲死的乞丐，哆哆嗦嗦地大骂："放你娘的狗屁！"

这四个社会各阶层人士一人一句，正好凑合成了一首打油诗。

不同的人，不同的处境，对同一事物的看法就不同，你喜欢的可能恰恰是别人厌恶的。

投资感悟

一个人看问题的角度和立场受到他所处的位置限制，他的位置限制了他的视野，使他只能看到问题的某一方面，能力受限，这时他是被动的。一个人会选择对自己的位置有利的立场和角度论述一件利益相关的事，这时他是主动的。

同样一只股票，持仓的人希望它大涨；持币的人希望打低点低吸；满仓的人希望一路涨停；空仓的人漠不关心；股票还是这只股票，该涨的不会少涨，不该涨的你怎么期盼也不会涨。

投资哲理小幽默

让我来

丈夫回家，见妻子在揍孩子，忍了忍没理她，走到厨房看见桌上煮好一锅馄饨，于是吃了一碗。吃完见老婆还在揍儿子，终于忍不住了，教育小孩不能老用暴力，要多讲道理嘛！妻子说："好好的一锅馄饨，他居然撒了一泡尿进去，你说气人不气人。"丈夫听后马上说："媳妇你歇一会，让我来揍！"

投资感悟

置身事外，谁都可以心平气和；身处其中，谁还可以从容淡定？所以请不要轻易评论任何人，因为你不在其中……

分析一只股票时，一定要客观，不要因为持币或者持仓而有偏见。如果满仓时，怎么分析都是觉得会涨，而且会大涨、暴涨，有很多时候只是一种美好的一厢情愿，事实并不如此。空仓时，怎么都觉得此股不会涨，很多时候结果也并不如此。

股市谚语：信号不会创造行情，但行情前必有信号。

七、一刀两断

"一刀两断"比喻由于某种原因而感情破裂，单方或双方坚决断绝关系，从此不愿意来往。出自《西游记》第九回："你若从我，万事皆休，若不从时，一刀两断！"我们把它引用到股市是指股价经过"天女散花"的大幅主升浪拉升以后，股价又在高位横盘、放量滞涨一段时间后开始下跌。具体表现就是：一根大阴线穿破 14 日均线、28 日均线两根均线，我们把这根大阴线称作"一刀两断"。它预示着一波调整或下跌行情的开始。这个时候我们应该在前面很多出局形态上出局，如果还留有一些仓位的一定就不要再犹豫了，要坚决地和这类股票"一刀两断"！

案例 1：天龙股份（603266）

2019 年 5 月 6 日，经过一波大幅拉升的天龙股份（603266）以一根大阴线同时跌破了 14 日均线和 28 日均线两根均线，技术形态上形成"一刀两断"，而且以跌停板报收。第二天一字跌停板，2019 年 5 月 20 日，本来是个好日子，可是经过这么个"一刀两断"的技术形态以后，股价更是惨不忍睹。11 个交易日，股价从 18 元左右跌到了 10 元左右，这个"一刀两断"（见图 2-20）的决心真决绝啊！

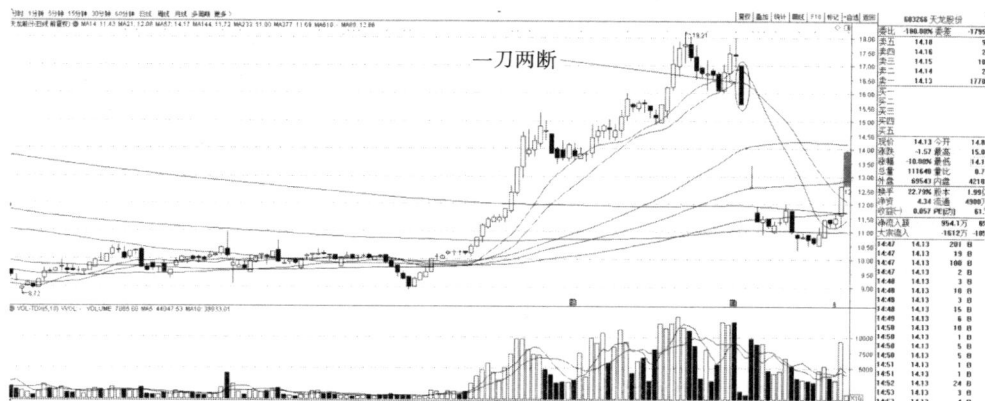

图 2-20 "一刀两断"从字面上看就是分手的意思，真实意思也是如此

案例 2：深圳能源（000027）

2019 年 4 月 15 日，在相对高位横盘震荡多日的深圳能源（000027）走出了一个大阴线，同时跌破了 14 日均线和 28 日均线两根均线，技术形态上形成"一刀两断"，接下来的股价开启了一段相对比较温柔的、毫无反弹的下跌走势（见图 2-21）。

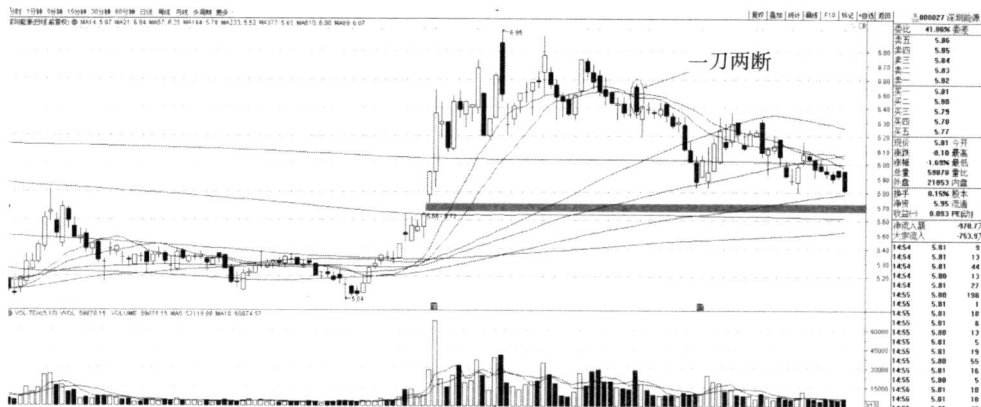

图 2-21 该断不断，必受其乱

案例3：天和防务（300397）

2019年4月23日，天和防务（300397）一根大阴线结束了横盘整理的状态，股价随后进入短期暴跌的走势。这根大阴线就是同时跌破了14日均线和28日均线两根均线，技术形态上我们把它称作是"一刀两断"的出货完毕分手的形态（见图2-22）。

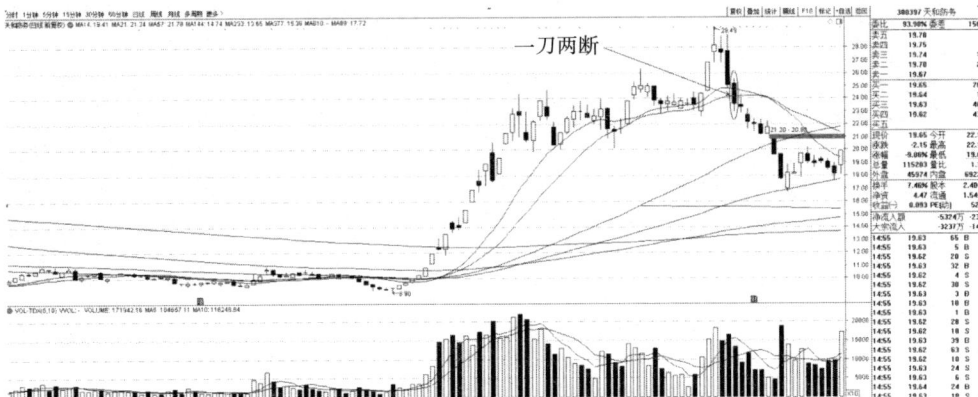

图2-22　出现在一波拉升后的"一刀两断"更是绝情绝义

案例4：福建金森（002679）

2019年6月4日，在相对高位横盘震荡整理多日的福建金森（002679）走出了一根小小的不起眼的阴线，但是这根阴线却同时跌破了14日均线和28日均线两根均线，技术形态上形成"一刀两断"，形态虽然不起眼，但技术威力却不小（见图2-23）。

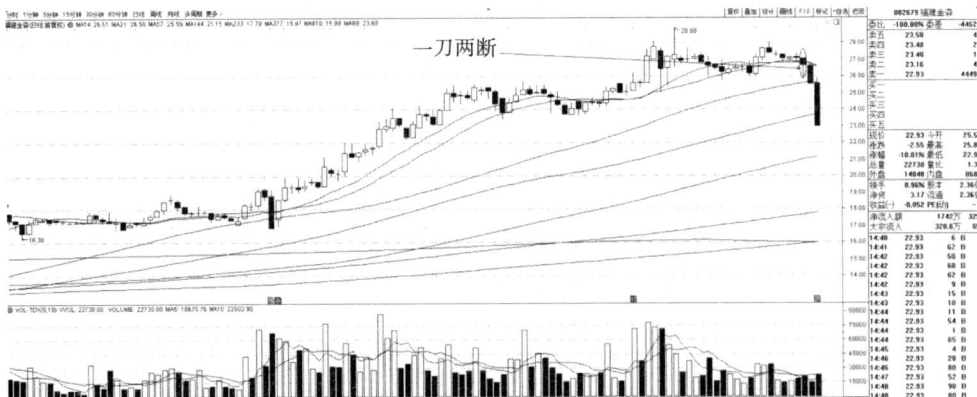

图2-23　这个"一刀两断"虽然比较含蓄，但是更加绝情

案例5：兴瑞科技（002937）

2019年4月26日，兴瑞科技（002937）走出的一条大阴线同时跌破了14日均线和28日均线两根均线，技术形态上形成"一刀两断"，接下来的股价先是跌停板暴跌，然后开始相对比较温柔地跌，不管怎么跌，总之都是跌。该股是只次新股，前面的几个案例有主板、创业板、中小板，不管什么板，只要出现了下跌的技术形态，股价的走势千篇一律。这就说明规律性的东西就是规律，用哲学的语言来说，这就是事物发展变化的"客观规律性"（见图2-24）。

图2-24　"一刀两断"不管出现在什么阶段、什么板块，决绝的市场意义都一样

投资哲理小故事

两个和尚

有两个和尚分别住在相邻的两座山上的庙里。两山之间有一条溪，两个和尚每天都会在同一时间下山去溪边挑水。不知不觉已经过了五年。突然有一天，左边这座山的和尚没有下山挑水，右边那座山的和尚心想："他大概睡过头了。"便不以为然。哪知第二天，左边这座山的和尚，还是没有下山挑水，第三天也一样，直到过了一个月，右边那座山的和尚想："我的朋友可能生病了。"于是他便爬上了左边这座山去探望他的老朋友。当他看到他的老友正在庙前打太极拳时，便十分好奇地问："你已经一个月没有下山挑水了，难道你可以不喝水吗？"左边这座山的和尚指着一口井说："这五年来，我每天做完功课后，都会抽空挖这口井。如今，终于让我挖出水，我就不必再下山挑水，我可以有更多时间练我喜欢的太极拳了。"

投资感悟

我们常常会忘记把握下班后的时间，挖一口属于自己的井，培养自己另一方面的实力。这样在未来当我们年纪大了，我们还依然会有水喝，而且还能喝得很悠闲。在股市挖一口属于自己的井，就是在认识股价运行规律的基础上，以熟悉主力资金的操盘手法为前提，打造一个自己的交易系统。

投资哲理小幽默

一次，酒鬼到酒家去喝酒，喝了老半天。仆人催促他快回家去，说："天阴下来，快要下雨了，赶在下雨之前走吧。"酒鬼杯不离手地说："下起雨来，躲还来不及，走什么？"果然，雨下起来，好一会儿才雨过天晴。仆人又催："天晴了，快回家吧。"酒鬼说："既然晴了，那还急什么？"

投资感悟

卖出股票对于一些投资者来说，很难很难，他总会有很多理由不卖，涨了，他想既然涨了，卖出干什么，期待着后面的大涨；跌了他也不会卖，因为涨了都没有卖，现在怎么能卖呢？最起码也要等涨回去再说。

但是，卖出形态一出来的话，不卖是真的不行的。

股市谚语：不怕急跌，就怕阴跌。

八、三心二意

"三心二意"意思是意志不坚定，犹豫不决；也指又想这样又想那样，犹豫不定。常指不用心，不专一。我们把它引用到股市是指股价经过"天女散花"的大幅主升浪拉升以后，股价又在高位横盘、放量滞涨一段时间后开始下跌，某一天一根大阴线穿破14日均线、28日均线、57日均线三根均线，我们把这一根大阴线称作是"三心二意"。预示着一波调整或下跌行情的开始。股价"三心二意"，但我们在卖出的问题上可不能三心二意，一定要坚定地卖出！在买入的问题上更是不能三心二意，要意志坚定地不受诱惑，坚决不买！

案例1：大有能源（600403）

2019年4月25日，大有能源（600403）的一根大阴线穿破14日均线、28日均线、377日均线三根均线，股价"三心二意"（见图2-25）了。虽说该股当时股价所处的位置并不高，但是这样"三心二意"的技术形态走出来了，我们也不得不重视，俗话说"没有最低只有更低"。

图2-25　生活中各个领域的"三心二意"都不能成事，股市中也一样

案例2：华控赛格（000068）

2019年4月25日，华控赛格（000068）的一根"三心二意"的大阴线穿破14日均线、28日均线、57日均线三根均线，股价结束了前期齐心合力暴涨的阶段，把股价引入了一个漫漫阴跌的阶段（见图2-26）。

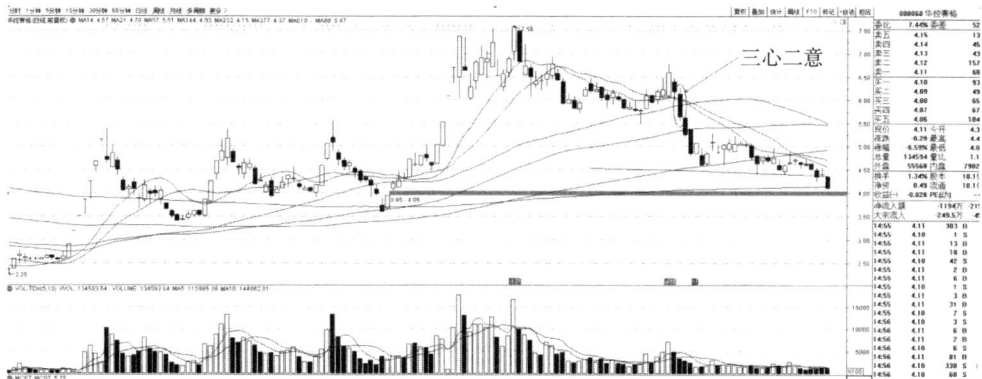

图2-26　"三心二意"的技术形态出现以后，走势就是三心二意

案例3：鹏鹞环保（300664）

鹏鹞环保（300664）一上市就遭到了爆炒，2018年6月15日，一根"三心二意"技术形态的大阴线一举击破14日均线、28日均线、57日均线三根均线，结束了这种爆炒局面，使股价进入漫漫阴跌的"暗无天日"阶段（见图2-27）。

图2-27　有很多时候"三心二意"是股价暴跌的临界点

案例4：延华智能（002178）

2018年2月5日，延华智能（002178）走出了一根一举击破14日均线、28日均线、57日均线三根均线的大阴线，并且以跌停板报收，技术形态上形成"三心二意"出货形态。该股的庄家真是恶庄。从盘中留有长长的上影线来看，这个主力跳崖之前还拉了很多人来陪葬，因为在K线图上留有上影线就说明它盘中进行过诱多行为，盘中拉升的时候会有很多不明就里的投资者朋友们买入。追涨杀跌是散户的基本心态，可是在这里买入就完全是殉葬品，因为第二天就是一次跌停板想走也走不了了，接下来连续7个跌停，最后那天打开以后，股价也在一段时间内毫无起色。直到2019年4月份，一年多过去了，股价还在4~5元震荡横盘（见图2-28）。

图 2-28　这个"三心二意"以比较极端的方式告诉了我们它市场意义的恶劣性

投资哲理小故事

欲成大事者，绝不在烂事上纠缠

有一年，我和老板在珠海过关去澳门的时候，被一个乞丐扯住了。乞丐身强力壮，一副不给钱就不让你走的样子。那个时候我 23 岁，年轻气盛，顿时非常气愤，和他偏住了。我当时的态度是：你这是抢钱还是乞讨？你还这么年轻，不知道自己去赚钱啊？就算你扯住了我，我也不会给你钱！老板发现我没有跟上来，原路返回找到了我。他大致了解清楚后，和那个乞丐赔了个笑脸，马上从皮夹里掏出 10 元给了他，带着我匆匆离开。

一路上，我有点闷闷不乐。老板看穿了我的心思，说："是不是还为刚才的那个事情感到憋屈？"我说："是啊，这种人就不应该惯着他，不能认怂，憋了一口恶气在心里有点不舒服。"

老板对我嘿嘿一笑，说："和他纠缠下去，客户还在澳门等着我们，耽误了时间怎么办？你以后要记住一句话：想做大事的人从来不会在烂事上面纠缠！"

投资感悟

股市里面好的股票多得很，好多马上要大涨的股票就如在澳门等着我们的大客户，马上能给我们带来大段的利润，但是你一定要抽开身去迎接，千万不要陷在这些个"三心二意"的破股里面出不来，耽误了那些好股票。

主力出货套路可以说是花样百出。比如传播小道消息，分析师推荐，自买自卖，虚假大单，等等。但市场无论怎样变化，人性始终不变。利用人性的弱点来赚钱，这是主力永恒的秘诀。我们作为散户，永恒的不亏钱的秘诀就是，高位的股价无论你要什么花样就是不买。

> **投资哲理小幽默**
>
> 一对父子正在谈论儿子的投资情况。父："今日股市行情如何？"子："从基本面分析，由于平时股票走势尚好，没有留意基本面情况，因此没有防范这次突然跳水。从技术盘面分析，由于股市监管太严，各种救市措施无法出台。"

投资感悟

在股市，这样的"一阴穿几线"都是发生在"魔鬼缠身"的末端，主力资金已出货完毕，这样的一根阴线穿破好几根均线是说明主力资金不再在乎盘面的形态走势，出尾货比维护盘面要重要得多，我们实战中一定要加以重视。这是一根有相当警示意义的一根标志性K线，标志着股价从"魔鬼缠身"阶段走向"暗无天日"的阶段。

股市谚语：多头不死，熊市不止；空头不死，牛市不止。

九、四分五裂

"四分五裂"释义为形容不完整，不集中，不团结，不统一。出自西汉·刘向《战国策·魏策一》："魏南与楚而不与齐，则齐攻其东；东与齐而不与赵，则赵攻其北；不合于韩，是韩攻其西；不亲于楚，则楚攻其南；此所谓四分五裂之道也！"我们把它引用到股市是指股价经过"天女散花"的大幅主升浪拉升以后，股价又在高位横盘、放量滞涨一段时间后开始下跌，某一天一根大阴线穿破14日均线、28日均线、57日均线、89日均线四根均线，我们把这一根大阴线称作是"四分五裂"。它预示着一波调整或下跌行情的开始。股价"四分五裂"了，我们就不要再抱有什么幻想了，应该早日落袋为安了，还有尾仓的要坚决彻底地清仓一股不留。

案例1：贵人鸟（603555）

2018年6月14日，贵人鸟（603555）的技术形态走出了一根高位巨量大阴线，并且击破了四根均线，我们称它为"四分五裂"。从这个K线上来看，带有长长的上影线，说明盘中还存在诱多的行为，最高价是28.65元，这一部分被诱多进去的投资者相当惨烈，接下来的一字跌停板就吃了7个，在最后一个跌停板打开如果没有出局的话，股价最低跌到4.92元，直到2019年4月份，股价还在5~6元徘徊。我们回放一下该股票，该股票在走出"四分五裂"的技术形态之前，股价已经在高位横盘了很长时间并且已经走出了"毛毛虫"的技术走势。"毛毛虫"的技术形态在第二本书里有详细描述，这里不再赘述。我们都知道这个技术形态是主力资金出货以后，在高位护盘，但是又没人接盘，导致该股的走势像僵掉了一样，既不下跌也不上涨，也没有成交量，然后走出这样的"四分五裂"就不意外而完全是在情理之中了（见图2-29）。

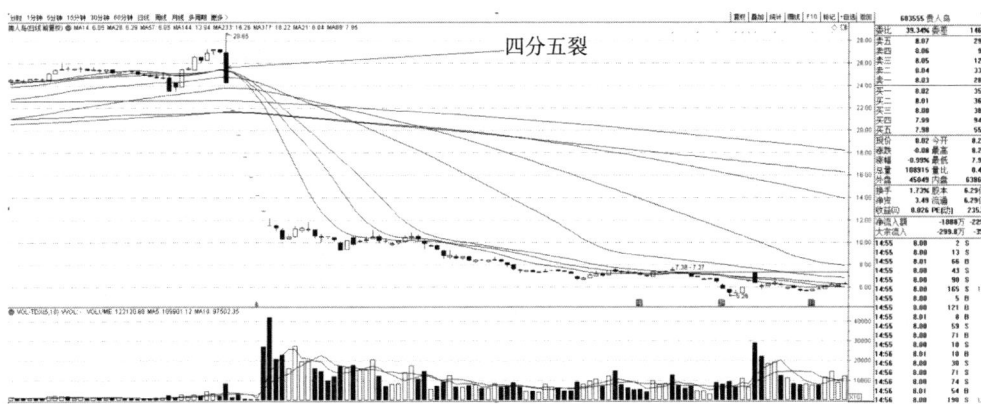

图2-29 "四分五裂"时如不及时出局，资金就会四分五裂

案例2：安通控股（600179）

2018年2月1日，安通控股（600179）走出了一阴穿四线的"四分五裂"的技术形态，股价当天以跌停板报收。接下来整整一年，到2019年1月30日，创下了5.74元的新低。股价开始下跌的时候是20元左右，而且在这一年中间，

不管哪一天买入，结果几乎都是亏，连一个像样的反弹都没有。我们有的投资者朋友，在股票被套了以后，不是斩仓出局，而是越低越买，并美其名曰"摊低成本"，其实这个理念是不对的。我们就用这个股票以身说法，来证实一下摊低成本有多荒谬。其实在我们《股市脸谱》这一套操作系统的理念里就没有被套这一说，但并不是说我们不犯错误，而是犯了错误要及时改正，"损阴以益阳"，割小肉把根留住，并不是在错上加错，在错误的道路上越走越远，最终酿成大错（见图 2-30）。

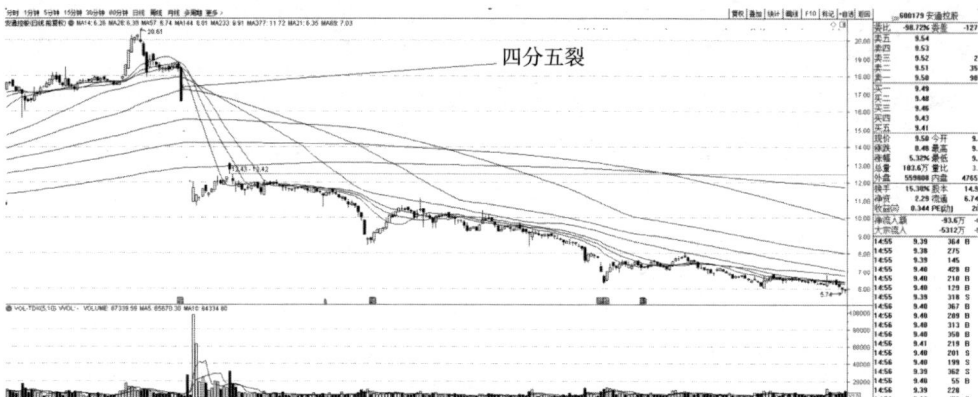

图 2-30 "四分五裂"的惨就如这个案例一样，那是惨不忍睹

当然了，类似这样的股票，在以后不创新低，能够横盘运行，那么它就进入了"蓄势待发"阶段，这是后话，暂且不表。

案例 3：大湖股份（600257）

2018 年 5 月 7 日，大湖股份（600257）走出了一根阴线击破 14 日均线、28 日均线、57 日均线、89 日均线四根均线的"四分五裂"的技术形态。由于该股当时运行的阶段就处在"暗无天日"的典型空头运行阶段，因此这样的技术形态杀伤力会更大一些。"四分五裂"的技术形态出现在相对高位，出现在"魔鬼缠身"（详见《股市脸谱之二》）阶段的尾端，表明主力资金出货完毕，我们要及时卖出。不过出现在这个位置应该跟我们没有关系，因为在这个"暗无天日"（详见《股市脸谱之二》）的阶段我们不会买股票，所以这里只做一个案例分析，强化一下股市运行规律（见图 2-31）。

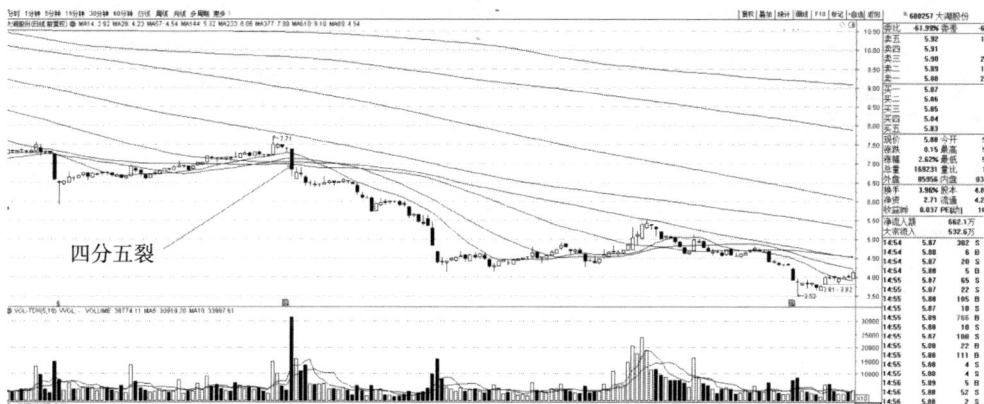

图 2-31　"四分五裂"的影响深远，出现后的一段时间内不要碰该股

案例 4：ST 长城（000018）

2018 年 6 月 19 日，ST 长城（000018）走出了一根阴线击破 14 日均线、28 日均线、57 日均线、89 日均线四根均线的"四分五裂"的技术形态。由于该股当时运行的阶段也是处在"暗无天日"的典型空头运行阶段，因此神州长城不但倒下了，而且倒得很惨，一直到 2018 年底创出 1.70 元的新低以后才进入"蓄势待发"阶段。直到 2019 年 4 月份，股价还在"昏昏欲睡"横盘筑底中，但是我们都知道股价也进入了"蓄势待发"阶段以后，只是在"蓄势"，等待爆发，至于什么时候爆发，还要看具体表现（见图 2-32）。

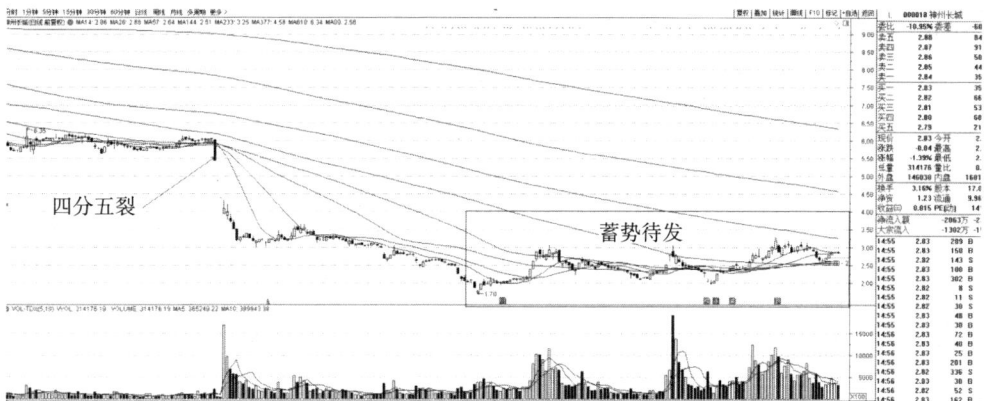

图 2-32　"四分五裂"是股价暴跌的临界点

案例 5：融钰集团（002622）

2018 年 2 月 1 日，融钰集团（002622）一根大阴线击破了 89 日均线、144

日均线、233日均线、377日均线四根均线。这样的"四分五裂"技术形态把股价推向暴跌，然后又开始了漫漫的"暗无天日"，三个月左右的时间，股价由16元左右跌到了2元左右。用"四分五裂"来形容该股的技术走势再不为过（见图2-33）。

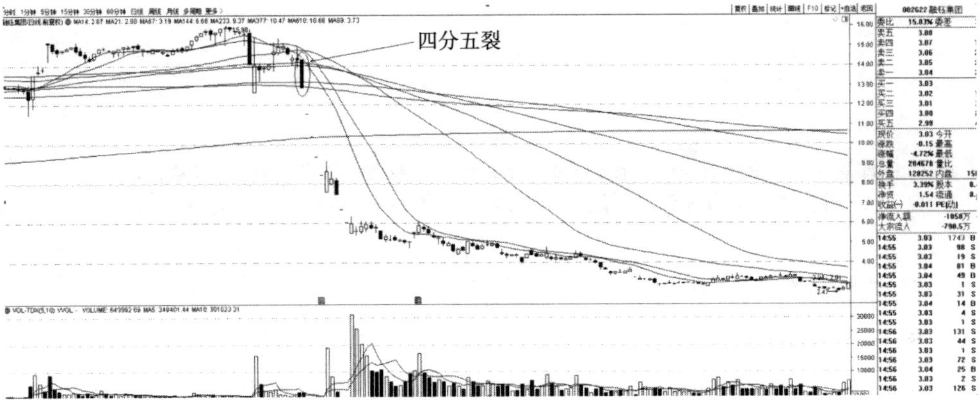

图2-33 用"四分五裂"来形容股价走势最恰如其分

投资哲理小故事

放下

某日，坦山和尚与一道友一起走在一条泥泞小路上。此时，天正下着大雨。

他俩在一个拐弯处遇到一位漂亮的姑娘，姑娘因为身着绸布衣裳和丝质衣带而无法跨过那条泥路。

"来吧，姑娘。"坦山说道，然后就把那位姑娘抱过了泥路，放下后又继续赶路。

一路上，道友一直闷声不响，最后终于按捺不住，向坦山发问："我们出家人不近女色，特别是年轻貌美的女子，那是很危险的，你为什么要那样做？"

"什么？那个女人吗？"坦山答道，"我早就把她放下了，你还抱着吗？"

投资感悟

操作完一只股票，一定要放下。特别是经过"天女散花"的主升浪大幅拉升以后，又在高位横盘"魔鬼缠身"出货以后，又走出"三心二意""四分五裂"等出货完毕的技术形态的股票，一定要放下！卖出以后即使它再涨，也不要患得患失。冷静、客观地去观察以后的走势。因为很多时候主力并不是真正的做行情，而是假拉升真出货，所以我们不要遗憾那点反复诱多的阳线。

投资哲理小幽默

买面包

小白兔蹦蹦跳跳到面包房，问："老板，你们有没有一百个小面包啊？"老板："啊，真抱歉，没有那么多。""这样啊……"小白兔垂头丧气地走了。

第二天，小白兔蹦蹦跳跳到面包房，问："老板，有没有一百个小面包啊？"老板："对不起，还是没有啊。""这样啊……"小白兔又垂头丧气地走了。

第三天，小白兔蹦蹦跳跳到面包房，问："老板，有没有一百个小面包啊？"老板高兴地说："有了，有了，今天我们有一百个小面包了！"小白兔掏出钱："太好了，我买两个！"

投资感悟

看懂了这个故事，股票市场里的炒作你就会明白很多！

当某只个股开始爆炒的时候，各种利好齐聚一堂，分析师大力推荐、基本面前景无限、券商给出的报告光鲜亮丽、媒体大力吹捧……比如中国石油（601857），上市时券商给出的报告中中国石油的合理价格为 80 元左右，上市时最高才 48 元左右，这才哪到哪啊，只有一半多点，买！于是大家都买了，结果呢？就这样了，就像笑话一样人家问你说有没有一百个小面包，你就认为那人要一百个，其实人家只要两个而已。感兴趣的投资者，可以去打开中国石油的 K 线图去看看。

股市谚语：天量见天价，地量见地价。

十、五马分尸

"五马分尸"是中国古代的一种酷刑，即用五匹马或牛拉扯尸体的头和四肢。

出自冯梦龙《东周列国志》："车裂者，将罪人头与四肢，缚于五辆车辕之上，各自分向，各驾一牛，然后以鞭打牛，牛走车行，其人肢体裂而为五。"我们把它引用到股市是指股价经过"天女散花"的大幅主升浪拉升以后，股价又在高位横盘、放量滞涨一段时间后开始下跌。某一天一根大阴线穿破 14 日均线、28 日均线、57 日均线、89 日均线、144 日均线五根均线，我们把这一根大阴线称作"五马分尸"。它预示着一波调整或下跌行情的开始。股价走出"五马分尸"的技术形态了，我们再不出局就会被五马分尸的。

案例 1：电工合金（300697）

2018 年 6 月 15 日，在创业板上市（2017 年 9 月 7 日上市）一年都不到的电工合金（300697），一根大阴线穿破 14 日均线、28 日均线、57 日均线、89 日均线、144 日均线五根均线，被五马分尸了。所有的股票，不管你是主板中小板还是创业板，也不管你是老股新股还是次新股，只要走出"五马分尸"的技术形态，都没有好下场（见图 2-34）。

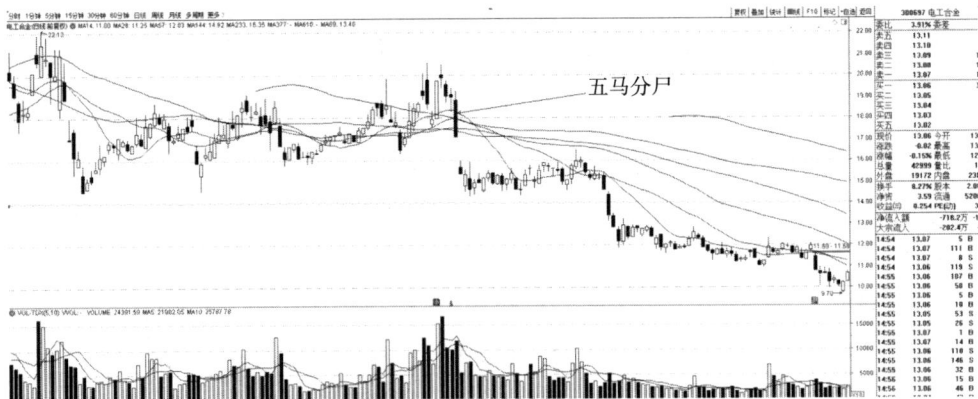

图 2-34 "五马分尸"的股票走势如字面意思一样

案例 2：德联集团（002666）

2018 年 5 月 9 日，德联集团（002666）的一根大阴线穿破 14 日均线、28 日均线、57 日均线、89 日均线、144 日均线五根均线，股价走出了"五马分尸"的技术形态。该形态在盘中也有长长的上影线，说明主力在盘中也贼心不死地进行了诱多行为。当天被诱进去的人都被关门打狗了，因为股价以跌停收盘了，还好第二天就是个低开，没有"一字板"开盘，还给人以割小肉出局的机会，但是如果你要死扛的话，后果不堪设想（见图2-35）。

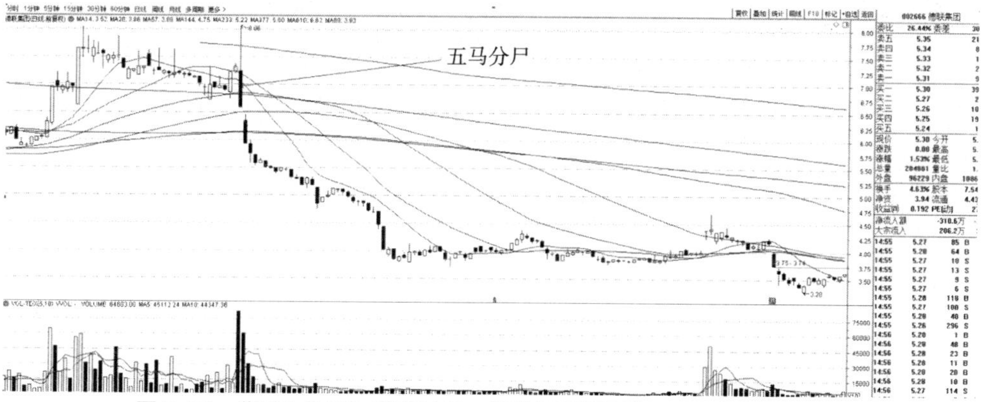

图2-35 "五马分尸"出现以后，坚决不要再死扛，否则后果很严重

案例3：金通灵（300091）

2018年6月15日，金通灵（300091）的一根大阴线穿破14日均线、28日均线、57日均线、89日均线、144日均线五根均线，走出了"五马分尸"的技术形态。这个五马分尸的技术形态真的是恶劣之极，用五马分尸来形容一点都不过分。如果你不出局，真的是会被五马分尸，到2018年10月18日，85个交易日，股价从9元左右跌到了2.9元（见图2-36）。

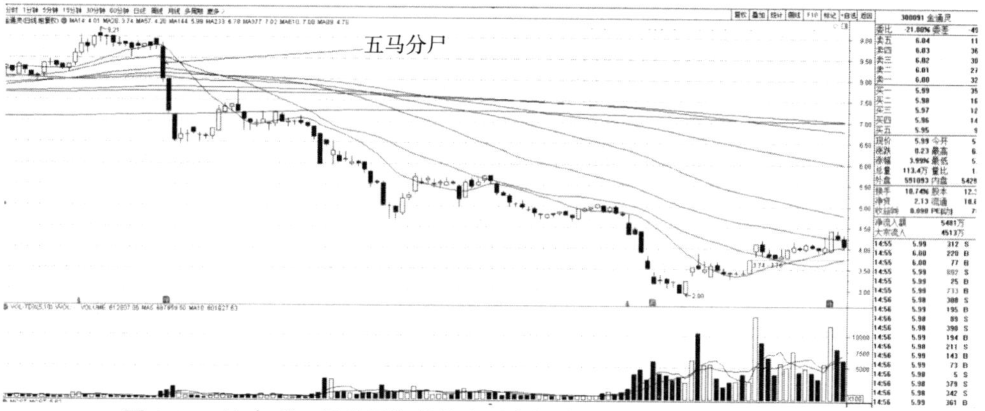

图2-36 这个"五马分尸"的技术形态把该股从9元左右跌到了2.9元

案例4：金力泰（300225）

2018年2月1日，金力泰（300225）的一根大阴线穿破14日均线、28日均线、57日均线、89日均线、144日均线五根均线，走出了"五马分尸"的技术

形态，当天以跌停板报收，好在第二天、第三天都有出局的机会。看过我们《股市脸谱》这套书的朋友，都认识这个形态，因为它简单明了一点儿也不复杂，非常好认。当然了，我们不但认识而且都知道它的恶劣性。在实战操作中，如果真有一天误打误撞不幸遇到，都会选择在有机会出局的时候不顾一切出局，去躲过接下来的多个跌停板（见图2-37）。

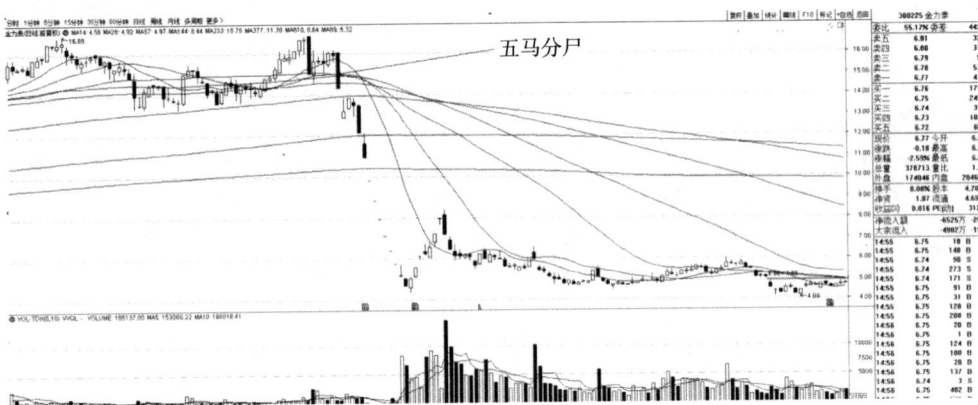

图2-37 "五马分尸"的技术形态非常容易辨认，下跌威力巨大

案例5：新日股份（603787）

2018年6月15日，新日股份（603787）的一根大阴线穿破14日均线、28日均线、57日均线、89日均线、233日均线五根均线，股价走出了"五马分尸"的技术形态。接下来先是3个一字跌停板，后是阴跌，短短4个月时间，股价从16元左右跌到7元左右，中间连个像样的反弹都没有。此时的股价不用"五马分尸"来形容的话，还真找不出一个比这再合适的词语（见图2-38）。

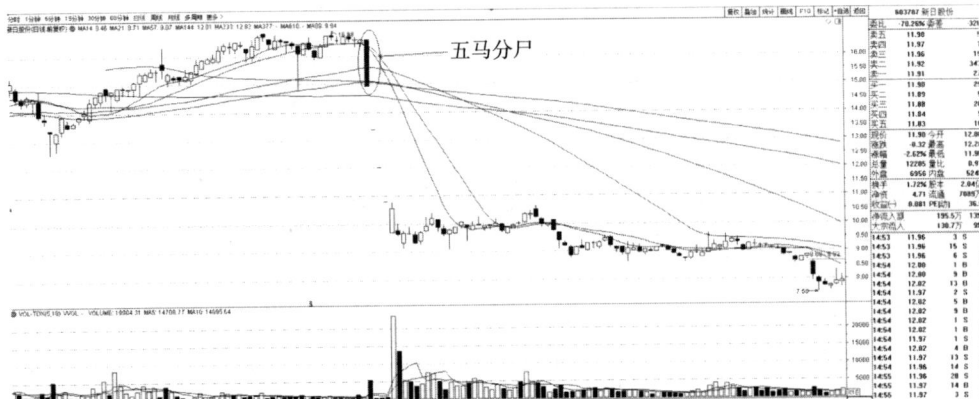

图2-38 "五马分尸"是股价暴跌的临界点

投资哲理小故事

女汉子

一个劫匪持枪抢劫银行得了手，仓皇逃命时，被闻讯赶来的警察逼到了街角。情急之下，劫匪劫持了一个男孩。

见此情形，警察忙安抚劫匪，劝他不要冲动，一切好商量。劫匪用枪抵住男孩的头部，扯着嗓子大叫："给我一辆车，不然我就杀了他。"警察答应说："我们只有警车，给你你也逃不掉。这样吧，我请示上面给你调一辆民用车，不过你得给我时间……"

正在这时，一辆白色轿车从远处路口转过弯，缓缓地朝这边开来。劫匪眼前一亮，不再理会警察，拖着人质来到路上。等小车开得近了，劫匪猛地抬起枪对着小车，声嘶力竭地大喊："停车！给我停车！"

令人意想不到的事情发生了。小车非但没停，反而突然加速，呼啸着朝劫匪撞过来。劫匪被这突如其来的阵势吓懵了，哀嚎一声，丢掉手里的枪，连滚带爬扑倒在路边。与此同时，小车猛地一个转向，躲过男孩，撞到交通护栏上停了下来。警察冲上去，以迅雷不及掩耳之势制伏了劫匪。围观的群众这才醒悟过来，齐声鼓掌。警察捡起那把枪，发现是把仿真玩具手枪;再看那辆车，由于护栏的缓冲，受损并不严重。这时，车门打开了，一个年轻女子哆哆嗦嗦地下了车。

警察赞许地看着眼前这位见义勇为的女汉子，冲她竖起大拇指，说："姑娘，谢谢你帮我们，才能抓住劫匪。不过……"警察话锋一转说，"你这样做也太危险了——幸亏只是把玩具手枪。"

姑娘惊魂未定，不住地拍着胸口，待情绪稍稍平复，才颤声说道："对不起，警察同志，我……我踩错油门了。"

投资感悟

股市里可千万不要做女汉子啊！股市不是赌场，赌场上一把大小一掀两瞪眼，而股市是投资的圣地。也一定不要小看它的专业性，乱来就是对自己的资金不负责任。

投资哲理小幽默

一群动物乘船过河，可是超载了。于是大家商定，每个动物讲个笑话，讲完如果有一个动物没笑，就把讲笑话的这个动物丢进河里，以减轻重量换取大家的安危。

于是，牛大哥开始第一个讲，等它讲完后，所有的动物都笑了，只有猪没笑，它们只好把牛大哥丢进河里；第二个讲笑话的是羊，它讲完后，所有的动物都没笑，只有猪笑了。其他的动物很奇怪，就问它："刚才牛大哥讲的笑话那么好笑你都不笑，这个笑话一点也不好笑你笑什么？"猪回答说："我刚反应过来牛大哥讲的笑话太好笑了！"

投资感悟

股票如果卖到"五马分尸"的技术形态处，就好比笑话里的小猪那么可爱，明白得太晚，受影响的肯定是你的资金，肯定会回撤很多。因为在这之前有太多的卖出形态了，比如单根K线的"露头橼子""得意忘形""忘乎所以""当头一棒"……我们的系统必须清仓的均线形态的"走向深渊""形势不妙""落下帷幕"……

具体地说，K线，每一根K线，特别是关键处的K线，或者是几根K线组合，或者是一段K线走势，背后都讲述了一个故事。当天涨停的股票，是主力资金在讲述一个涨停板（技术层面）的故事，背后肯定还暗含着一个基本面发生变化的故事，如果你及时听懂了这个故事，就在涨停的当天买入进去，那么你就像笑话里的牛大哥一样很牛，第二天股价冲高回落，你落袋为安。暴利！但是如果你第二天才觉得好笑，才动手追在了高处，那么你就是那只可爱的笨笨的小猪猪，明白得稍晚些。

宏观地说，我们的K线图，也是在讲述一个个故事。1995年，债券市场讲述了一个327国债的故事，把证券市场教父管金生先生讲进了监狱。2009年，讲述了一个创业板的故事，很多牛人及时抓住了机会；2015年，杠杆融资的故事，明白早的人就是牛大哥，牛得晋升富翁，明白晚的人爆仓；2017年，讲述了一个雄安新区的故事，最早听懂的很牛，狂赚一笔，晚一点懂的就是被套的小猪猪；2019 年，讲述了一个科创板的故事，听懂早的人很牛，赚得盆满钵满，听懂稍晚些的人被套在高高的山冈上。

从世界范围来说，投资也是在讲故事、讲笑话。只不过说得好听一点把笑话讲到高潮部分叫作资产泡沫。譬如，郁金香的炒作事件，不是一个笑话吗？

17 世纪中期，郁金香从土耳其被引入西欧，当时量少价高，被上层阶级视为财富与荣耀的象征，投机商看中其中的商机，开始囤积郁金香球茎，并推动价格上涨。1635 年，炒买郁金香的热潮蔓延为全民运动，人们购买郁金香已经不再是为了其内在的价值或作观赏之用，而是期望其价格能无限上涨并因此获利。1637 年 2 月 4 日，郁金香市场突然崩溃，六个星期内，价格平均下跌了 90%。郁金香事件，是人类史上第一次有记载的金融泡沫，此事间接导致了作为当时欧洲金融中心——荷兰的衰落。

泡沫初期，也就是刚开始讲故事时，投资者只注意到人们在赚钱，于是他们跟风买进，抬高了资产的价格。后面随着价格进一步上涨，一些跟风的投资者会蜂拥而至、接踵而来……当最后一个人坚持不住变成买家的时候，泡沫就到"顶"了。故事讲完了，明白的人懂得早，就获利了，愚钝的人笑得晚，就接盘了。

任何事件、故事，最终都是一个智者开头、愚者结尾的游戏。不论你相信与否，完整彻底地理解码、现金和人心，即可看透证券市场。就像经典电影《教父》（The Godfather）里面有一句话，花半秒钟就看透事物本质的人，和花一辈子都看不清事物本质的人，注定是截然不同的命运。看透证券市场本质的人，和一辈子都看不清证券市场本质的人，也注定是截然不同的命运。乔治·索罗斯认为，金融世界是动荡的、混乱的，无序可循，只有辨明事理，才能无往不利。他说世界经济史是一部基于假象和谎言的连续剧。要获得财富，做法就是认清其假象，投入其中，然后在假象被公众认识之前退出游戏。没有比这更深刻、更接近本质的表达了。

我们可以更加直观地认为所有的一切都是在讲笑话，讲故事。所以我们在阐述股价运行规律的时候，讲笑话，讲故事；在揭秘主力操盘手法时，讲笑话，讲故事；在教投资者朋友打造自己的交易系统时，讲笑话，讲故事；在讲述每一个 K 线形态时，讲笑话，讲故事。其实这些笑话、故事的寓意都很深刻，真真正正弄懂了它们的哲理深意，也就顺便弄懂了股价的运行规律和主力的操盘手法，然后告诫自己在操作中不要闹笑话。

所以真心希望朋友们用心去理解这些笑话、故事的内涵和深意，在它们蕴含的大道理中开悟，在嬉笑怒骂间轻松地去理解股市。

把我们失败的交割单打印出来对照一下自己，何尝不是在闹笑话呢？

股市谚语：领先一步是财富，落后一步是包袱。

十一、六亲不认

"六亲不认"是指不重天伦、不通人情，对亲属都不顾。有时也指对谁都不讲情面。出自冯德英《苦菜花》第三章："我丢了差事去找他，他不惟不帮忙，反倒六亲不认了。"我们把它引用到股市是指股价经过"天女散花"的大幅主升浪拉升以后，股价又在高位横盘、放量滞涨一段时间后开始下跌。经过"走向深渊""落下帷幕"等技术形态以后，某一天一根大阴线穿破14日均线、28日均线、57日均线、89日均线、144日均线、233日均线六根均线，我们把这一根大阴线称作"六亲不认"。它预示着主力资金出货完毕且出货顺利，接下来主力资金首先是不会护盘，说不定还会六亲不认地砸盘。因为主力的阶段任务变了，原来处于高位的"魔鬼缠身"阶段时，主力的主要任务是出货，未出完货就要维护股价，接下来出完货以后的任务就是使股价下跌，直到跌得再次具备投资价值。

案例1：春兴精工（002547）

2018年6月19日，春兴精工（002547）悄悄地、很低调地拉出来一根大阴线。虽然这根阴线躲在角落里引人不注意，但是它的杀伤力可不小，这是要和上面高位横盘时接盘的人断交啊，一根阴线切断14日均线、28日均线、57日均线、89日均线、144日均线、233日均线六根均线，正宗的"六亲不认"技术形态。而且还是以跌停板收盘，绝情的很，等人们发现的时候股价已经跌停了，想卖出都没有机会，接下来6个一字跌停板，是绝对的六亲不认（见图2-39）。

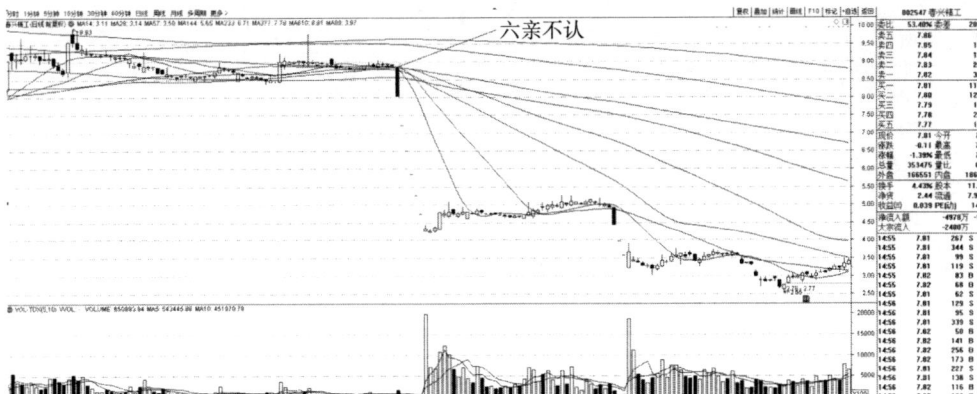

图 2-39　"六亲不认"的技术形态是股价暴跌的临界点

案例 2：风范股份（601700）

2018 年 3 月 13 日，风范股份（601700）跌停，乍一看这根跌停板 K 线，也没啥特别之处，但是仔细一看，把它和均线系统结合起来看，就是一阴穿六线，经典的"六亲不认"技术形态。接下来到 2018 年 10 月份，股价从 8 元多跌到了最低处的 2.57 元，用它的实际走势告诉我们什么叫"六亲不认"（见图 2-40）。

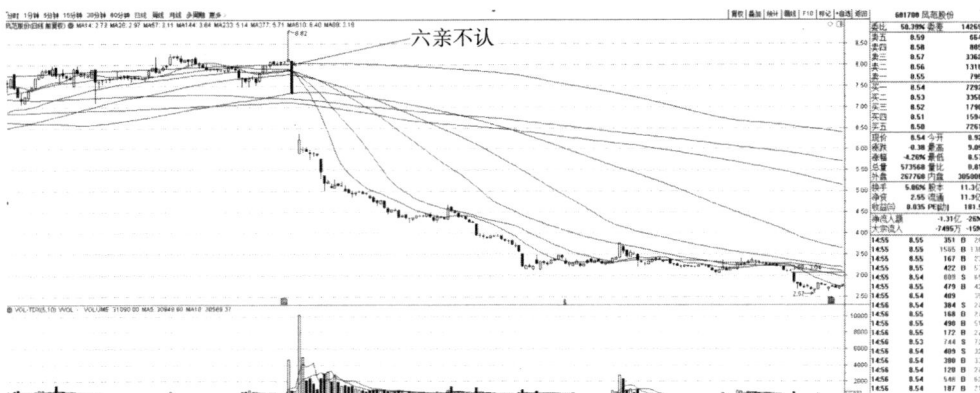

图 2-40　生活中的"六亲不认"无情无义，股市中的"六亲不认"也是无情无义

再来回顾一下该股，"六亲不认"前面的那根 K 线，也就是 2018 年 3 月 12 日的 K 线，巨量还带有长长的上影线，重点是突破前期高点。在一般的技术书中描述的这是一个经典的买点，因为放量突破前高。我们可以想象一下当时盘中的热烈场面，从下面的成交量上来看，购买的人相当踊跃，因为换手率4.10%。但从第二天的跌停板来看，就是 2018 年 3 月 13 日的"六亲不认"。当天割肉出局

的人少之又少，因为换手率只有 0.77%，接下来这部分接盘的人不知道怎么操作，但肯定是伤心又伤钱。

案例 3：纽威股份 （603699）

2018 年 6 月 19 日，纽威股份 （603699）一根大阴线穿破 14 日均线、28 日均线、57 日均线、89 日均线、144 日均线、233 日均线六根均线，这根大阴线是"六亲不认"的技术形态。它的市场意义预示着主力资金出货完毕且出货顺利，接下来主力资金首先是不会护盘、说不定还会六亲不认的砸盘。实际上是不是这样呢？让 K 线走势告诉我们结果吧 （见图 2-41）。

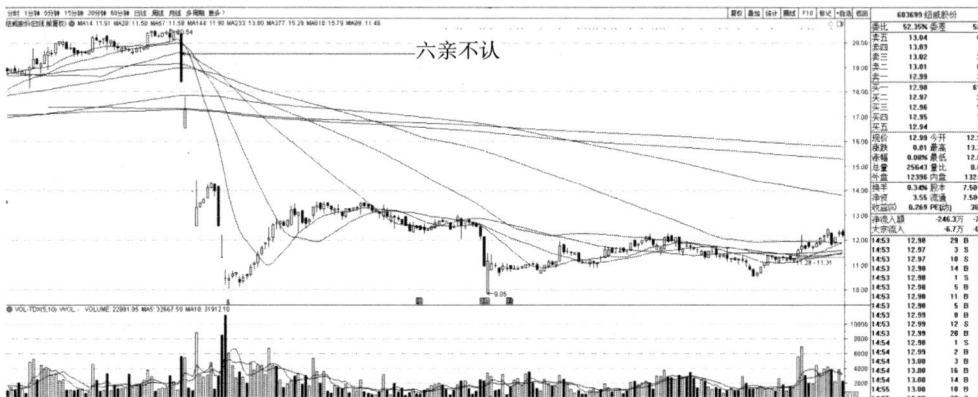

图 2-41　"六亲不认"的技术形态出现以后，股价的走势是六亲不认

案例 4：邦讯技术 （300312）

2018 年 1 月 17 日，邦讯技术 （300312）一根大阴线穿破 14 日均线、28 日均线、57 日均线、89 日均线、144 日均线、233 日均线六根均线，技术形态上形成经典的"六亲不认"。接下来的技术走势是，人来杀人鬼来杀鬼，不管生人熟人一起杀，坚决地六亲不认，只要有接盘，不管三七二十一，一口气把股价从"六亲不认"时的 13.98 元，杀到最低价的 5.15 元才停住手，真可谓心狠手辣（见图 2-42）。

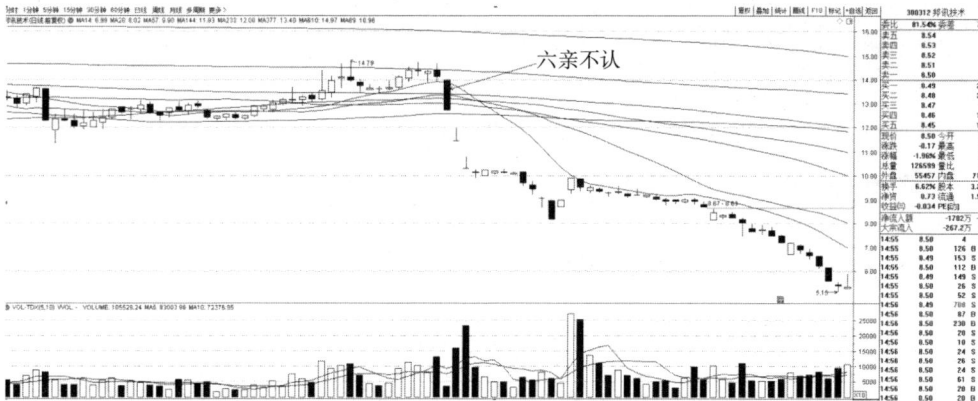

图 2-42 "六亲不认"就是主力资金六亲不认的在出货

案例 5：海汽集团（603069）

2018 年 1 月 31 日，海汽集团（603069）一根大阴线穿破 14 日均线、28 日均线、57 日均线、89 日均线、144 日均线、233 日均线六根均线，技术形态上是经典的"六亲不认"。接下来三下五除二就把股价从 15 元左右的高价，弄到了 6 元左右的低价，然后股价短期内也没有上涨的意思（见图 2-43）。

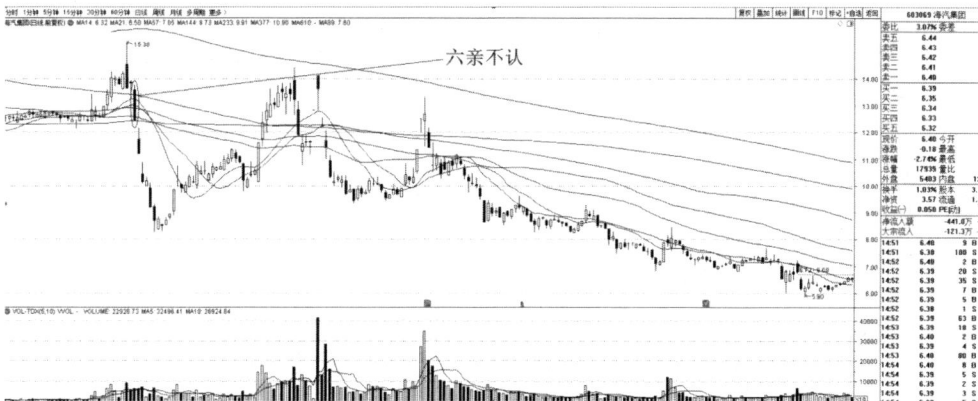

图 2-43 "六亲不认"后的股票短时间内坚决不碰

投资哲理小故事

悟性如光

读佛经。

弟子问佛祖："您所说的极乐世界，我看不见，怎么能够相信呢？"

佛祖把弟子带进一间漆黑的屋子，告诉他："墙角有一把锤子。"

弟子不管是瞪大眼睛，还是眯成小眼，仍然伸手不见五指，只好说我看不见。

佛祖点燃了一支蜡烛，墙角果然有一把锤子。

你看不见的，就不存在吗？

投资感悟

形态，不管你认不认识，它都客观存在。而且同样是一根K线，每个人的理解也会千差万别，结果就是买卖成交，成交有多少就说明有多少的意见分歧。扎西拉姆·多多的诗歌《班扎古鲁白玛的沉默》里有几句经典句子：

你见，或者不见我，我就在那里，不悲不喜；

你念，或者不念我，情就在那里，不来不去；

你爱，或者不爱我，爱就在那里，不增不减；

你跟，或者不跟我，我的手就在你手里，不舍不弃。

来我的怀里，或者，让我住进你的心里，默然，相爱，寂静，欢喜。

用到股票上，就是：

你买，或者不买，它都要涨，不遮不掩；

你卖，或者不卖，它都要跌，不折不扣；

你看，或者不看，它都是这根K线；

你分析，或者不分析，它都是这个市场意义。

投资哲理小幽默

嫁人就嫁做股票的人，其八大理由是：

（1）全球经济危机下，裁员潮出现，而做股票的人依然时刻警惕，随时准备抄底，没有出现"失业"的迹象。说明自立能力强。

（2）能够坚持股票许多年不半途而废，说明有恒心、有毅力，感情专一。

（3）能够做股票赚钱，说明头脑够灵活，将来生的孩子聪明。

（4）做股票大起大落，不被淘汰，就说明能够经得起风雨，成熟稳重。

（5）懂经济，善理财，可保家人衣食无忧。

（6）做股票的人一般不爱浪费时间，会把大部分精力和时间用在研究市场上，很少会去外边花天酒地、寻花问柳，让人放心。

（7）做股票的人，会把每一分钱用到股市上，决不会大手大脚，挥霍浪费，是勤俭节约的好男人。

（8）做股票的人天天随着点数涨跌，情绪波动较快，情感必定丰富。

投资感悟

往往，我们有很多投资者朋友，深信某专家的建议，买入一只股票，后面的走势并不尽如人意。专家说，没有事，再等等，健康回调。再等几天还是一路下行，股价都"六亲不认"了。专家还说，没有事，再等等……其实这个时候专家他自己并没有持股，"火烧不到他身上他不疼"。他是真不知道资金一个劲缩水扛不住的滋味。

股市谚语： 年线下走平，准备捕老熊。

十二、七上八下

"七上八下"形容心里慌乱不安，无所适从的感觉，也指零落不齐或纷乱不齐。出自明朝·施耐庵《水浒全传》第二十六回："那胡正卿心头十五个吊桶打水，七上八下。"我们把它引用到股市是指股价经过"天女散花"的大幅主升浪拉升以后，股价又在高位横盘、放量滞涨一段时间后开始下跌，再经过"走向深渊""落下帷幕"等技术形态以后，某一天一根大阴线穿破14日均线、28日均线、57日均线、89日均线、144日均线、233日均线、377日均线七根均线，我们把这一根大阴线称作"七上八下"。它预示着主力资金出货完毕且出货顺利，接下来的股价就会七上八下地零落不齐，让人无所适从、慌乱不安。

案例1：远程股份（002692）

2018年1月31日，远程股份（002692）的一根阴线切断了14日均线、28

日均线、57 日均线、89 日均线、144 日均线、233 日均线、379 日均线七根均线，技术形态上形成"七上八下"。它预示着主力资金出货完毕且出货顺利（见图 2-44）。

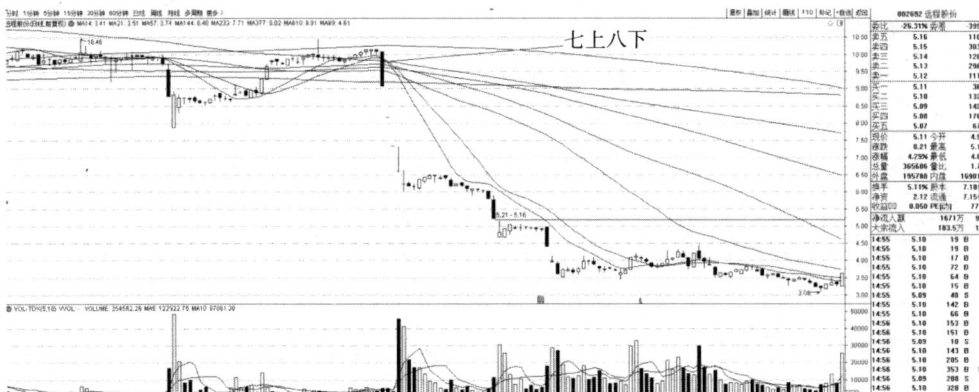

图 2-44　"七上八下"的技术形态是股价暴跌的临界点

案例 2：文投控股（600715）

2018 年 1 月 8 日，文投控股（600715）的一根大阴线穿破 14 日均线、28 日均线、57 日均线、89 日均线、144 日均线、233 日均线、377 日均线七根均线，"七上八下"技术形态出现。在走出这个"七上八下"技术形态之前，走势上已经走出了"毛毛虫"的技术形态，说明庄家维持股价已经相当艰难，最后终于选择了向下。出现这个"七上八下"形态时候的股价开盘价是 23.33 元，一直到 2019 年 3~4 月的时候，股价还在 3~4 元横盘整理，跌幅之大令人咋舌（见图 2-45）。

图 2-45　关于"七上八下"技术形态的市场意义，记住这个案例即可

案例3：合锻智能（603011）

2018年2月1日，合锻智能（603011）的一根大阴线，穿破14日均线、28日均线、57日均线、89日均线、144日均线、233日均线、377日均线七根均线，"七上八下"技术形态出现。股价接下来是如何表现的，请看图2-46。

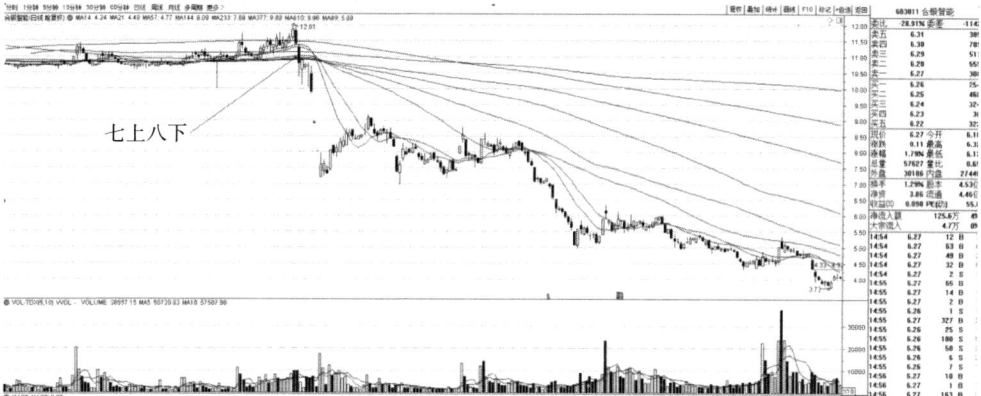

图2-46　如果持有的股票出现"七上八下"形态，接下来不只是心里面七上八下

案例4：天华院（600579）

2018年1月2日，天华院（600579）股价大幅高开，但当天收盘收了一个巨量大阴线，并且这个大阴线一举穿破14日均线、28日均线、57日均线、89日均线、144日均线、233日均线、377日均线七根均线，技术形态上形成"七上八下"，接下来一口气把股价从"七上八下"当天的开盘16.12元打到了7.13元（见图2-47）。

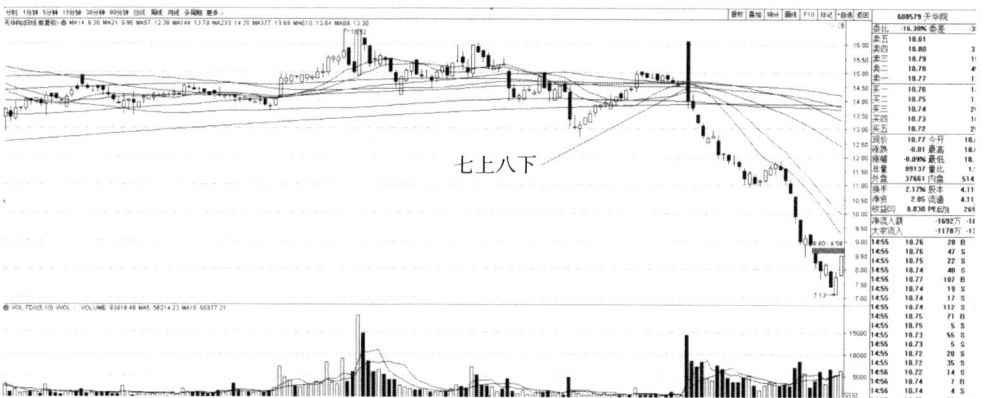

图2-47　"七上八下"的技术形态特征非常明显，这时坚决不买该股票

案例 5：中威电子（300270）

2018 年 6 月 15 日，中威电子（300270）的一根大阴线一举穿破 14 日均线、28 日均线、57 日均线、89 日均线、144 日均线、610 日均线、987 日均线七根均线，技术形态上形成"七上八下"。从第二天开始来了 4 个一字跌停，打开之后连一小波反弹都没有出现，一直把股价压到了 5.55 元，股价跌去 2/3，剩下 1/3，怎是一个"惨"字了得？但即使主力再凶狠，股价走势再悲惨，认识了这样的技术形态以后股价就伤害不了我们（见图 2-48）。

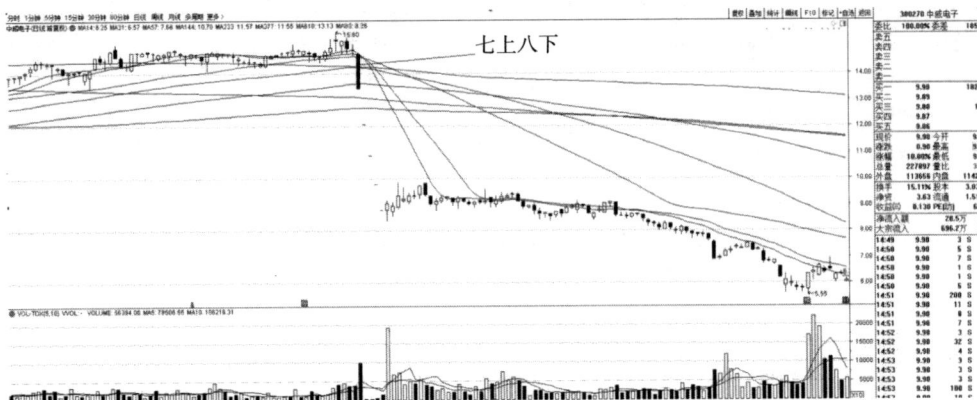

图 2-48　"七上八下"的技术形态出现以后，没有"七上"，只有"八下"

投资哲理小故事

不贫穷的理由

一个不甘心自己命运的年轻乞丐，总想有一天能够发达起来。可好几年过去了，他还是穷困潦倒。最后，他心灰意冷，只好把唯一的希望寄托在一位未卜先知的智者身上。于是，他带上省吃俭用好不容易攒下来的一笔钱，找到了那位智者。

"尊敬的先生，请你指点一下吧！我十余年后会不会还像现在这么穷？"智者稍稍抬头看了一眼乞丐，说："年轻人，我说出来你不要不高兴，十年之后，你还是像现在这么穷。"乞丐听了非常难过，于是掏出一些钱递给他，恳求智者："老先生，你再看看我二十年后有没有希望？"智者有些感动了，认真地看了看他说："你二十年后还会这么穷。"乞丐感到更加伤心了。最后，他把所有的钱都掏了出来，跪在智者面前十分虔诚地说："老先生，我就靠你了，你再给我指点一下吧，我三十年后会怎么样呢？"无可奈何的智者只好又看了看乞丐，很同情地说："你三十年后就好了。"

年轻人为之一振，高兴地从地上蹦起来："哇！我终于有希望了。那么，尊敬的大师，再请问一下，到那时我能有多少钱呢？""年轻人，我说你三十年后就好了，是因为到那时你已经习惯了。"智者拍了拍年轻乞丐的肩膀飘然而去。

多么有深意的话啊！

其实，人生就是一种习惯。

勤奋是一种习惯，

懒惰是一种习惯；

成功是一种习惯，

失败是一种习惯；

富裕是一种习惯，

贫穷也是一种习惯……

关键是，当你已经习惯于一种角色时，还会有更高的追求吗？

投资感悟

每一只股票的每一个阶段走出的技术形态，都是股市运行规律与主力资金运作的结果。我们不能说"战斗打响"非常熟悉，能带来利润，而对出现的"万丈高楼平地起"忽视不见。我们只能尊重市场规律，出现什么形态时就研究、操作什么形态。而不是执着地寻找、等待我们所期待的技术形态。我们更不能说喜欢这只股票，就不管它运行到哪个阶段，一直持有；而是我们对喜欢的这只股票，要等它在上升到"天女散花"的主升浪中牢牢地持有，而不是在它"魔鬼缠身"后一路跌到"七上八下"还不撒手。

但是，好多投资者朋友都习惯于钟情某只股票，甚至钟情得都有些痴情。

更有一些朋友在选股时就喜欢选这些弱势的股票而且成为一种习惯。要不得！

投资哲理小幽默

好消息和坏消息

好消息：他坐飞机到美国留学了。

坏消息：途中飞机出事故要掉下去了。

好消息：他分到了降落伞。

坏消息：降落伞打不开。

好消息：他的下面有个草垛。

坏消息：草垛上有个钢叉。

好消息：他没落在钢叉上。

坏消息：他也没落在草垛上！

好消息：他落在了河里。

坏消息：他不会游泳。

好消息：他遇到了一个渔夫，得救了。

投资感悟

我们买入一只股票，持仓时的心理活动就是这样"七上八下"的，一会儿觉得挺好，能涨很多，一会儿又觉得不会大跌吧？其实有这样的心理活动状态都是我们的技术不过关造成的。在个股出现"七上八下"的技术形态后，一股不持有，心里怎么会"七上八下"呢？坦然、悠闲得很！

股市谚语：莫把股市当赌场，做多莫做死多头。

十三、八百孤寒

"八百孤寒"是指很多贫寒的读书人。出自五代·王定保的《唐摭言·好放孤寒》。唐朝时期，太尉李德裕爱才如渴，经常提拔那些出身贫苦的读书人让他们入仕。这些贫苦的书生特别爱戴他，在他被贬到南荒之地时，纷纷为之悲痛，并作诗来描述他们的心情："八百孤寒齐下泪，一时南望李崖州。"我们把它引用到股市是指股价经过"天女散花"的大幅主升浪拉升以后，股价又在高位横盘、放量滞涨一段时间后开始下跌，再经过"走向深渊""落下帷幕"等"魔鬼缠身"阶段的出货技术形态以后，由于股价上涨无力造成均线系统黏合，某一天一根大阴线穿破14日均线、28日均线、57日均线、89日均线、144日均线、233日均线、377日均线、610日均线八根均线，我们便把这一根一阴穿八线的大阴线称作"八百孤寒"。它预示着主力资金出货完毕，接下来的股价就会进入漫漫的"暗无天日"寒窗苦读阶段。

案例1：东方金钰（600086）

2018年1月18日，东方金钰（600086）以一根穿破14日均线、28日均线、57日均线、89日均线、144日均线、233日均线、377日均线、610日均线八根均线的"八百孤寒"大阴线，结束了股价长期高位艰难护盘的"毛毛虫"走势。接下来的连续6个跌停，把股价从高位11元左右跌到2元左右（见图2-49）。

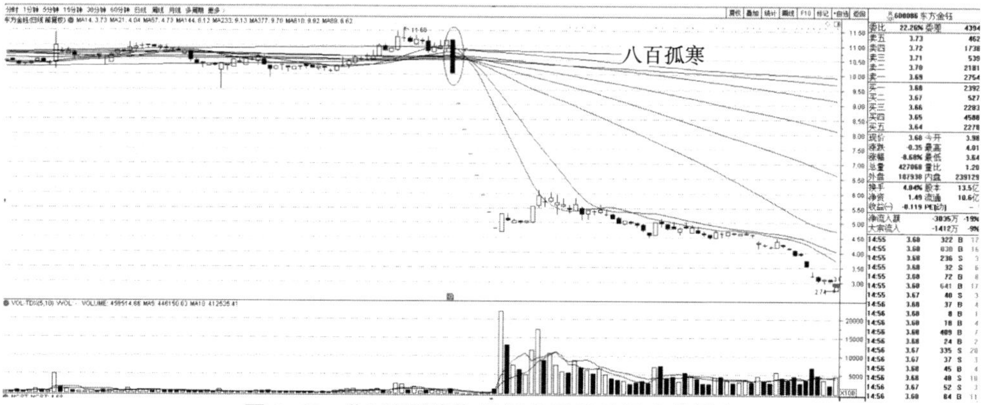

图2-49　"八百孤寒"是股价暴跌的经典临界点

案例2：金洲慈航（000587）

2018年6月4日，金洲慈航（000587）以一根穿破14日均线、28日均线、57日均线、89日均线、144日均线、233日均线、377日均线、610日均线八根均线的"八百孤寒"大阴线，结束了股价高位横盘的走势。从这根大阴线之前股价走出"毛毛虫"的走势就可以看出，主力在高位护盘非常艰难。这一个"八百孤寒"技术形态的出现，背后不知道是主力资金链的断裂，还是该股基本面的彻底恶化，总而言之是发生了不得已的事情，股价才会走出这样的恶劣走势。接下来的连续6个跌停，把股价推入万劫不复，一直到2019年6月份，股价从高位8元左右跌到2元左右的时候还没有止住跌（见图2-50）。

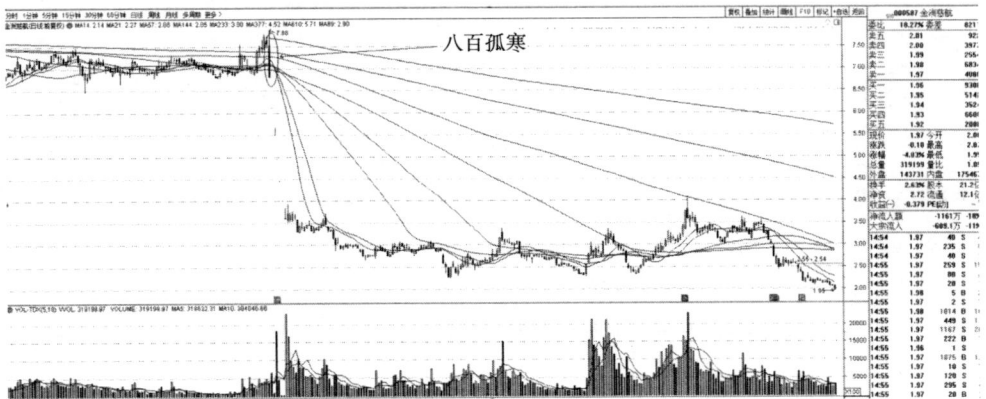

图 2-50　实战中的"八百孤寒"下跌威力无穷，千万不可大意

案例3：长鹰信质（002664）

2018年6月4日，长鹰信质（002664）一根大阴线穿破14日均线、28日均线、57日均线、89日均线、144日均线、233日均线、377日均线、610日均线八根均线。这一根阴线可不能小看，是"八百孤寒"大阴线。接下来用了93个交易日，到2018年10月19日，把股价从"八百孤寒"那天的开盘28.16元打到了最低价9.91元，看看这威力（见图2-51）。

图 2-51　个股出现"七上八下"技术形态以后，不但要坚决卖出，而且很长时间不能再碰该股

案例4：秦胜风能（300129）

2018年1月4日，秦胜风能（300129）的股价走出了一根大阴线，是穿破14日均线、28日均线、57日均线、89日均线、144日均线、233日均线、377日均线、610日均线八根均线的"八百孤寒"大阴线，然后助力股价走向漫漫的"暗无天日"阶段（见图2-52）。

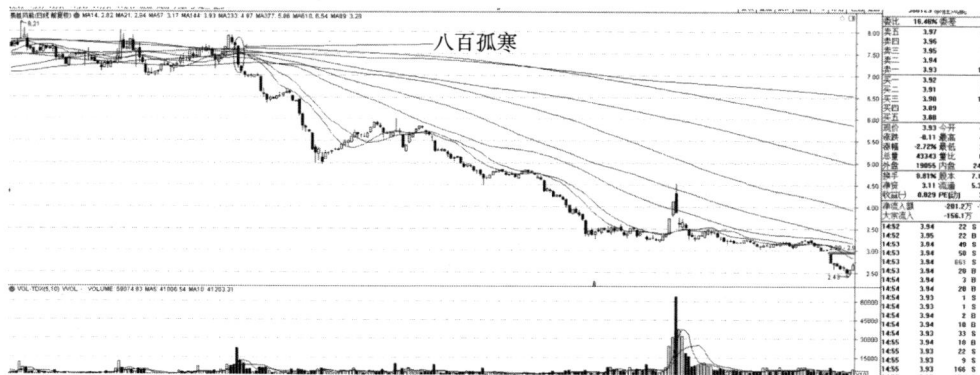

图2-52　"八百孤寒"助力股价走向"暗无天日"阶段

案例5：大康农业（002505）

2017年9月14日，大康农业（002505）的股价走出了一根大阴线，是穿破14日均线、28日均线、57日均线、89日均线、144日均线、233日均线、377日均线、610日均线八根均线的"八百孤寒"大阴线，然后助力股价走向漫漫的"暗无天日"阶段。这个案例和上面的案例看起来是否似曾相识？还是熟悉的配方，还是熟悉的味道，还是一样的操盘手法，更重要的是结果还是千篇一律的下跌走势（见图2-53）。

图2-53　"八百孤寒"技术形态出现以后，股价简直是"八千孤寒"

投资哲理小故事

盐一样的智慧

老族长带领村民日夜兼程，要把盐运送到某地换成过冬的大麦。有一天晚上，他们露宿于荒野，星空灿烂。长者依然用祖先世代传下来的方法，取出三块盐投入篝火，占卜山间天气的变化……大家都在等待长者的"天气预报"：若听到火中盐块发出"噼里啪啦"的声响，那就是好天气的预兆；若是毫无声息，那就象征天气即将变坏，风雨随时会来临。

长者神情严肃，因为盐块在火中毫无声息。他认为不吉，主张天亮后马上赶路。但族中另一位年轻人，认为"以盐窥天"是迷信，反对匆忙启程。第二天下午，果然天气骤变，风雪交加，坚持晚走的年轻人这才领悟到长者的睿智。

其实，用今天的科学解释，老族长也是对的，盐块在火中是否发出声音，与空气中的湿度相关。换句话说，当风雨欲来，湿度高，盐块受潮，投入火中自然喑哑无声。

投资感悟

年轻人往往看不起老人的哲学，片面地认为它们都是过时的、无用的。其实，一些人生理念如同海盐，它再老，仍然是一种结晶，并且有海的记忆。

我们在书中总结提炼出来的这些技术形态，都是股市规律和主力资金运行的一种资金与智慧生物结晶。它们的背后与艾略特的波浪理论、江恩的时间与周期、斐波那契的神奇数列、走马灯数字等有关，还与主力资金的运作都有关。虽然经过我们的总结和提炼看起来很简单，但是真的是大道至简！真心希望读者朋友用心地去体会体会。

投资哲理小幽默

最近朋友介绍给我一款减肥贴布，贴上见效，无效退款，一个疗程7天，可以瘦10斤，重点是不贵。我问她要贴哪里？她说：贴嘴上！

投资感悟

大盘不好的时候，或者个股出现"八百孤寒"的技术形态以后，什么理由的买入都是错误的自欺欺人的借口。理智的操作就要像这个幽默一样，抓住重点，管住自己的手就可以了：不买。

投资哲理小幽默
花朵静悄悄地开放

寺院里接纳了一个年方16岁的流浪儿。这个流浪儿头脑非常灵活，给人一种脚勤嘴快的感觉。灰头土脸的流浪儿在寺院里剃发沐浴后，就变成了一个干净利索的小沙弥。

法师一边关照他的生活起居，一边苦口婆心、因势利导地教他为僧做人的一些基本常识。看他接受和领会问题比较快，又开始教他习字念书、诵读经文。也就在这个时候，法师发现了小沙弥的致命弱点——心浮气躁、喜欢张扬、骄傲自满。例如，他一旦领悟了某个禅理，就一遍遍地向法师和其他的僧侣炫耀；更可笑的是，当法师为了鼓励他，刚刚夸奖他几句，他马上就在众僧面前显摆，甚至把任何人都不放在眼里，大有唯我独尊、不可一世之势。

一天，法师把一盆含苞待放的夜来香送给这个小沙弥，让他在值更的时候，注意观察一下花卉的生态状况。

第二天一早，还没等法师找他，他就欣喜若狂地抱着那盆花一路招摇地找上门来，当着众僧的面大声对法师说："您送给我的这盆花太奇妙了！它晚上开放。清香四溢、美不胜收，可是，一到早上，它便又收敛了它的香花芳蕊……"

法师用一种特别温和的语气问小沙弥："它晚上开花的时候吵你了吗？""没，没有，"小沙弥高高兴兴地说，"它开放和闭合都是静悄悄的，哪会吵我呢？""哦，原来是这样啊，"法师以一种特殊的口吻说，"老衲还以为花开的时候得吵闹着炫耀一番呢。"

小沙弥愣了一下，脸唰地一下就红了，喏喏地对法师说："弟子知错了！弟子知错了！"

投资感悟

这是本套书籍的最后一个技术形态。有心的读者朋友读完以后，把这三本书中共78个技术形态重新排列一下位置，按照股价的运行阶段（进货、拉升、洗盘、出货、慢牛……）。把这些技术形态安插进去，股价的运行规律以及每一只股票运行到哪个阶段都是清清楚楚、一目了然的，该不该做谁也不用问，怎么做胸有成竹，再结合主力的一些操盘手法：吸货的比如"鬼子进村""蓄势待发"，我们就悄悄观察；洗盘的比如"谣言四起""老鼠打洞"，我们就大胆地低吸；拉升的比如"战斗打响""鱼跃龙门"，我们就大胆地追涨；慢牛的比如"天女散花"，我们就大胆地持有；"魔鬼缠身"的，我们就坚决不碰。

这样下去，长此以往，我们的账户的红花就会慢慢地开放。但是笔者希望我们的账户都是如这个故事里的法师所期待的：静悄悄地开放！

在某个时候的主力资金是在打压股价，本意是让人出局，你看透了这点你就悄悄地在主力资金能够容忍的限度内低吸一点就可以了。这个时候如果你非要发动群众都来低吸，资金大到主力资金发觉或者是不能容忍时，那么接下来这里就不会是底了。主力还要再继续打压，那就得不偿失了。

在主力资金拉升的时候，我们发现了，及时地跟进去。这个时候虽然参与的人越多越好，因为能给主力资金节省点拉升资金，但也不是无限多。到出货的时候不都要和主力抢买盘吗？再说了，就资金布局来说，这个拉升的股票的盘子也是有大小的，小盘股也容纳不了太大的资金。

出货的时候，因为接盘是有限的，主力会营造很多技术形态进行出货。我们发现了出货的技术形态以后，只要悄悄地把股票一卖就可以了，用不着四处宣扬。这时虽然我们是赚钱的，但是你能保证周围你宣扬的对象都是盈利的吗？如果他们还在亏损中，你却炫耀盈利，他们不会受到伤害吗？有句话说得好："不要让你的笑声惊扰了隔壁的痛苦！"

所以，我们一定要记住：任何时候（买入卖出）都是打枪的不要，悄悄地干活！

股市谚语：一阳吞几阴，黄土变成金。

后 记

哥伦布的鸡蛋

哥伦布发现美洲后，许多人认为哥伦布只不过是凑巧看到，其他任何人只要有他的运气，都可以做到。于是，在一个盛大的宴会上，一位贵族向他发难道："哥伦布先生，我们谁都知道，美洲就在那儿，你不过是凑巧先上去了呗！如果是我们去也会发现的。"

面对责难，哥伦布不慌不乱，他灵机一动，拿起了桌上一个鸡蛋，对大家说："诸位先生女士，你们谁能够把鸡蛋立在桌子上？请问你们谁能做到呢？"

大家跃跃欲试，却一个个败下阵来。哥伦布微微一笑，拿起鸡蛋，在桌上轻轻一磕，就把鸡蛋立在那儿了。哥伦布随后说："是的，就这么简单。发现美洲确实不难，就像立起这个鸡蛋一样容易。但是，诸位，在我没有立起它之前，你们谁又做到了呢？"

炒股，其实很简单，但是有个前提，就是发现了股票的运行规律以后，按照规律行事，而且需要的专业知识其实也少得可怜，就那么一点点。就像一个书法家挥洒自如前，必须一笔一画地数十年如一日地练习好横平竖直的基本功一样。但是遗憾的是，好多人还不会一笔一画就开始写书法了。如今，炒股的秘籍我研究、披露、坦陈在有缘的陌生的你的面前。就像调制鸡尾酒的材料一样，已经放在你的面前，能否调制出美味的鸡尾酒，就看你自己了。

其实，这也说不上是什么秘籍，也不是我的发明创造，都是股市里这么多年客观存在的，我只不过是把它们系统整理了而已。就如哥伦布发现新大陆一样，只要你愿意去发现它，它就在那里。

一直以来，大家有一个普遍的认识是都觉得"真法难闻"。

大家都知道，只有有缘的人才能听闻佛法。就连古老的巨著《黄帝内经》同样也是如此，不是说随随便便就可以听到的，包括黄帝自己。《黄帝内经》本身就是黄帝和他老师的一些对话，当黄帝问到一些很核心的问题时，他的老师都会让他先斋戒。所谓斋戒，不是单纯的洗洗澡、刷刷牙、饿几天就可以的。它要求你在精神上不要被一些私心杂念所控制，让自己的精神处于一种无欲无求的状态，在这种情况下，你才可能听闻真法。即便圣王学习《黄帝内经》，他也要抱着很认真的态度去学习，去修身修心，才能真正地看进去，才能真正领悟"真法"。而我们心浮气躁的投资者朋友呢？两眼紧盯账户，赚钱了手舞足蹈，请客吃饭，大摆宴席；亏钱了，垂头丧气，闭门不出，拍桌子砸电脑的都有。如此心情怎么能取得真经呢？

在日常生活中多数人都会经常说，凡事要顺其自然。

这句话说起来容易，但要想真正做到就很难了。顺其自然也叫"因天之序"。天的顺序就是从春到夏，从夏到秋，从秋到冬，从冬再到春，周而复始。这个顺序是永远不会变的。"春"的原意是指万物随阳气的生发而蠢蠢欲动；"夏"是"广大"或"宽假"之意，是指不要约束万物而要使它们尽量地生长；"秋"是"成就"的意思，是指成就万物，使万物有结果或结籽；"冬"是"终了""万物闭藏"之意。中医医理讲"因天之序"，就是要因循身体这个"天"本身的运动顺序，就是东南西北，就是春夏秋冬，就是生发、生长、收敛、收藏。违背了这个顺序，就要生病；顺应了这个顺序，就能健康长寿。在股市里，"蓄势待发"阶段就是股市的春天，"天女散花"阶段就是股市的夏天，"魔鬼缠身"阶段就是股市的秋天，"暗无天日"阶段就是股市的冬天。

老子说"道法自然"，自然是什么？就是东南西北，就是春夏秋冬；《易经》说"天行健，君子以自强不息"，说的也是一回事。做任何一件事情，都要思考所做的事情在规律上处在哪个点上。它是春天还是秋天呢？如果它是春天，就不要希望明天结果，要等到秋天才行。这样看似无为，实际是有为。

老师父分给本、静、安每人一颗古老的莲花种子：

"这是几千年前的莲花种子，非常珍贵，你们去把它种出来吧。"

拿到种子后……

我要第一个种出来！本想。

怎样才能种出来呢？静想。

我有一颗种子了。安想。

本跑去寻找锄头。

静想要挑出最好的花盆。

安把种子装进小布袋里，挂在自己的胸前。

本把种子埋在雪地里。

静去查找种植莲花的书籍。

安去集市为寺院买东西。

等了很久，本的种子也没有发芽。

等不到种子发芽的本愤怒地刨开了地，摔断了锄头，不再干了。

我一定会种出千年莲花的。静想。

静将选好的金花盆搬来，放在最温暖的房间里。

安接着清扫院子中的积雪。

静用了最名贵的药水和花土，

小心地种下了种子。

安和以前一样做着斋饭。

静的种子发芽了。

静把它当成宝贝，

用金罩子罩住它。

清晨，安又早早地去挑水了。

静的小幼芽因为得不到阳光和氧气，

没过几天就枯死了。

晚饭后，安像往常一样去散步。

春天来了……

在池塘的一角，

安种下了种子。

不久，种子发芽了。

安欣喜地看着眼前的绿叶。

盛夏的清晨，

在温暖的阳光下，

古老的千年莲花轻轻地盛开了。

有幸看到这套书的有缘人，无论你是不是准备投资股市，也许都应该先找一个安静的角落，轻轻地念给自己听，然后想一想，再想一想，我们有没有得到过"千年莲花的种子"？

有，当然有。

我们日夜都在马不停蹄地追逐一些"珍贵"的东西，仿佛所有的人都希望以最快的速度达到各种各样的目的。这时候，大自然的规律往往被撇在一边，我们甚至不会思考冬天是不是可以种花，只一味想着"我要第一个种出来""怎样才能种出来呢"。生活的主题仿佛只是追逐，我们不知道有多久没有去散步了。

在这急功近利的社会中，安的那份平和的心境，宛如一潭清澈平静的水，是多么难得。一天天长大的朋友啊，你总有一天也会得到"千年莲花的种子"，会为了各种"珍贵"的东西夜以继日、马不停蹄。可是，无论如何，希望你记得这个你听过的故事里的小和尚，记得他感激地把种子装进小布袋里，挂在胸前；记得他从容地去买东西、扫雪、做斋饭、挑水；记得他悠悠然散步的样子。

他告诉你，要怀着希望、有所追求，但一定要淡定、顺其自然；

同时，享受生活的过程，享受那些平凡琐碎的小事、享受等待。

纵情享受"天女散花"的拉升过程，

安然等待"暗无天日"的漫漫寒冬，

冷眼旁观"魔鬼缠身"的主力出货，

密切关注"蓄势待发"的喷薄爆发。

一切顺其自然！